부모님과 헤어지는 중입니다 ——

알코올 중독 아버지와
가스라이팅 어머니로부터의 해방일지

부모님과 헤어지는 중입니다

스마일펄 지음

푸른향기
Prunbook Publishing Co.

과거의 상처로 울고 있는 모든 어른아이가

온전히 사랑하고 행복하기를 바라며

부모의 알코올 중독과 가스라이팅에서 벗어나 자유롭고 행복하게 살아가기

얼마 전 결혼을 앞둔 친구 부부의 신혼집에서 하룻밤을 묵었습니다. 아무리 친한 친구라지만 방 한 칸을 떡하니 차지하고 엊저녁의 만찬에 이어 아침으로 장어구이까지 얻어먹었으니 민폐도 이런 민폐가 없습니다. 친구 부부와 작별 인사를 나누는데, 두 사람이 마치 말을 맞춘 듯 "또 자고 가"라는 말을 건넸습니다. 단순한 인사치레일 수도 있고 저 또한 민폐는 한 번이면 족하다고 생각하지만, 쉼이 필요하면 기댈 수 있는 모처럼 든든한 안식처가 생긴 기분이 들었습니다.

이십 대 중반까지 살았던 집을 여전히 지키고 계신 아버지의 "자고

가", "집에 자주 와"라는 말씀은 늘 불편하기 그지없었습니다. 이제껏 그 거북한 감정의 근본을 알지 못했는데, 고작 하룻밤을 머문 친구의 신혼집에서 뜻밖에 한 번도 가져보지 못한 편안한 집에 온 듯한 따뜻함을 느꼈습니다. 꿈꾸던 우리 집이 바로 이런 모습이 아닐까? 싶었습니다. 마음이 편안하니 남의 집에서 실제로 오래간만에 세상모르고 단잠을 자고, 음식이 쑥쑥 들어가 밥은 또 얼마나 많이 먹었는지 모릅니다.

서로를 진심으로 위하는 모습이 느껴지고 끊임없이 소통하는 행복한 부부를 보고 있으니, '만일 마음이 넉넉하고 정신적으로 성숙한 이들이 부모였다면, 나의 성장과정은 어떻게 달라졌을까?'라는 생각이 스쳐 지나갔습니다. 아마도 행복한 가족에 대한 이상적인 환상과 허망한 집착을 거두고, 행복한 삶이란 무엇인지, 사랑을 진정으로 주고받는다는 의미가 무엇인지 좀 더 일찍 깨닫지 않았을까 싶습니다.

이 책은 정서적 괴롭힘을 서슴지 않은 알코올 의존증 아버지와 이를 방관하고 동조하며 가스라이팅을 일삼은 어머니가 한 가정을 어떻게 붕괴시키는지 구체적인 일상을 묘사하고 있습니다. 부모에게 제대로 보호받지 못하고 정서적 학대에 지속적으로 노출돼 착한 아이 콤플렉스에 갇혀버린 자식의 영혼이 어떤 과정을 거쳐 파괴되는지 세밀하게 기술하고 있습니다.

알코올 의존증이고 유약하다고 해서 부모가 늘 고함을 치며 공포 분위기를 조성하고, 무조건 자녀를 방치하고 모든 양육에서 회피적인 태도를 보이지는 않습니다. 밥도 주고 학교도 보내고 옷도 사 주고 친구를 초대해 생일 파티도 열어주고 아주 가끔 박물관도 데려가고 때때로 인색한 칭찬을 보내기도 합니다. 이처럼 냉탕과 온탕을 오가는 비일관적인 양육 태도를 보이는 부모에게서 불안정한 성장과정을 보낸 사람은 혼란스러운 양가적인 감정을 지니고 살아갑니다. 부모가 싫으면서도 좋고, 거리를 두고 싶은데 자꾸 다가가게 되고, 독립을 원하면서도 한편으로 의존하기를 바라는 모순적인 감정이 불쑥 고개를 듭니다. 이럴 때마다 죄책감에 가슴은 돌덩이를 얹은 듯 묵직하고, 마음은 전전긍긍 불안해집니다.

이 글이 어떤 부분에서는 부모를 향한 깊은 애정과 염려가 담겨 있다가 갑자기 돌변해 부모를 원망하고 미워하는 감정이 묻어나는 등 일관적이지 않다고 생각된다면, 이는 부모와 불안정애착을 형성한 사람의 평소 널뛰는 감정이 고스란히 묻어난 자연스러운 의식의 흐름이라고 이해하시면 좋겠습니다.

그럼, 지배적이고 의존적인 숨 막히는 부모와 한번 불안정애착을 형성했다면, 평생 애정결핍과 양가적인 감정에 휘둘리며 대물림받은 불안과 우울, 외로움과 죄책감에 사로잡혀 살아야 할까요. 불행을 견디고 감정을 억압하며 참는 것도 습관이라 오랜 불안정한 감정을 벗어나서 안정적인 애착 상태로 변화하는 것이 결코 쉽지는 않습니다.

그러나 부모-자식이라도 서로 애틋하고 위안을 주는 보호막이 되기보다 함께 있어서 한쪽 또는 양쪽 모두 불행해지고 인생을 갉아 먹히게 된다면, 그 인연은 놓아주어야 합니다. 가족의 존재는 물론 특별하고 소중하지만, 주위를 조금만 둘러보면 만나서 오히려 불행한 가족도 너무나 흔합니다. 부모가 중독이나 폭력 성향을 띤, 그런데 이러한 부모에게 의존할 수밖에 없는 미성년 자녀의 심적, 신체적 고통은 더 말할 필요도 없습니다.

이 책은 부모의 괴롭힘과 가스라이팅, 착한 아이 콤플렉스 등 익숙한 불행에서 벗어나 저를 함부로 대하는 이들에게 비로소 나 자신을 보호하고, 행복해지는 선택을 하는 과정을 상세하게 기록했습니다. 애정결핍이 심하고 의존성이 높은 미성숙한 부모로부터 허구의 독립을 넘어 진정한 독립을 이루는 실질적인 방안도 일목요연하게 정리했습니다.

한편, 이 글은 지난 1년간 심리상담을 받으며 내면을 통찰하고 자기 자신을 객관화한 기록이기도 합니다. 지난해 갑자기 찾아온 이혼이라는 상실과 트라우마를 치유하고자 시작한 심리상담은 힘들었던 결혼생활, 원가족을 향한 복잡한 감정을 거쳐 결국 제 자신을 처음으로 깊이 성찰하는 계기였습니다. 심리상담이 낯선 분들은 글 중간중간 상담에서 오간 내밀한 대화에서 심리상담이 무엇인지 간접적인 경험을 하실 수 있을 것입니다.

예전보다는 나아졌지만, 지금도 여전히 부모에게 받은 마음의 상처를 치유하는 과정에 있습니다. 가까운 지인이나 드라마, 영화 등에서 가정 폭력을 휘두르는 무책임한 아버지에 대해 접하거나, 어머니처럼 연약하고 안돼 보이는 누군가에게 저도 모르게 심적으로 의지처가 되어주다가 또 다시 상처를 받아 트라우마에 빠졌다가 헤어나오기를 반복하고 있습니다.

긍정적인 신호는, 예전에는 아프고 무거워서 무작정 덮어뒀던 상처를 이제는 '아, 내 마음이 아직 다 낫지 않았구나. 한 박자 쉬어가면서 좀 더 어루만져 줘야겠다'라며 스스로 위로하고 치유할 수 있게 되었다는 점입니다.

두 살 터울의 여동생과 종종 부모님께 느낀 감정을 서로 털어놓다 보면 '나만 그렇게 생각한 게 아니구나'라는 생각에 위로받고는 합니다. 이 글이 과거 상처받았던 마음속 어린아이를 위해 마음껏 목놓아 울고, 위로하고 어루만져 주며 느리지만 자신만의 속도로 치유해 나가는 계기가 되길 바랍니다. 오랜 상처를 간직한 여러분이 이제는 사랑을 제대로 주고받는 사람들과 어울리며 아낌없이 행복하셨으면 좋겠습니다. 여러분은 충분히 그럴 만한 가치가 있는 사람이니까요.

2023년 봄
일상을 가장 많이 보내는 익숙한 집 공간에서

목   차

Chapter 1

엄마의 가스라이팅

어렸을 때 정서적 학대를 당했다고?

십 대 시절 아빠는 술주정이 심했다. 그때보다는 덜하지만, 현재도 여전하다. 할머니가 늘 하던 말씀처럼 아빠는 성품이 너그럽고 근면 성실한 사람이라 온 가족을 상처 입히는 술주정, 딱이 점 하나를 제외하면 썩 괜찮은 사람이었다. 온 가족을 고통 속에 몰아넣고 씻을 수 없는 상처를 남기는 괜찮은 사람이라…. 이런 안이한 생각이 가정 폭력을 폭력이 아닌 일상 행위로 만든다. 이런 말을 반복적으로 듣고 성장한 사람은 어른이 되어도 학대와 공격, 정상의 경계를 잘 구분하지 못한다. 부모의 정서적/물리적 괴롭힘을 견디는 데 익숙해서 타인의 공격에서 자신을 보호해야 한다는 개념없이 무방비 상태로 살아간다.

"성장과정에서 정서적 학대에 시달리셨군요."

상담 선생님이 이처럼 정의하기 전에는 우리 삼 남매가 부모로부터 정서적 학대를 받았다는 생각을 해본 적은 없었다.

'엄마와 딸은 친구 같다는데 왜 이렇게 엄마가 불편할까?'
'나는 왜 계속 부모님을 벗어나고 싶을까?'
(이를 알면서도 왜 선뜻 못 벗어나고 있을까?)
'어렸을 때부터 자란 이 집을 왜 이렇게 떠나고 싶을까?'
'나는 정이 없는 사람일까?'
'부모님께 감사하다는 마음은 드는데, 왜 그분들을 사랑하지는 않는 것 같을까?'
'아빠 말처럼 나는 싸가지가 없고, 나밖에 모르는 이기적인 사람인가?'
'나는 왜 아빠의 기대처럼 살갑지도 않고 애교가 없을까?'
'나는 왜 항상 부모님께 부족하고, 잘못하고 있는 것 같을까?'

이런 불편한 감정과 죄책감에 사로잡혀 살았지만, 오랫동안 문제의 원인을 나에게서 찾았다. 부모와 맺어온 관계와 그들의 양육 태도에서 감정의 근원을 짚어볼 생각은 하지 못했다. 아빠가 자신이 우리 삼 남매에게 자행한 끔찍한 행동들을 돌아본다면 최소한 '애가 싸가지가 없다'는 망발 따위는 감히 입 밖에 낼 수 없을 것이다. 할 수만 있다면 뇌를 꺼내서 그 악몽들을 모조리 칼로 도려내고 싶다. 이제는 기억이 또렷해지지는 않지만 깊이 각인되었는지 지워지지도 않는다.

아빠가 평소보다 귀가가 늦어지면 슬슬 불안했다. 자정 즈음 밖에서 누군가 쿵쿵 계단으로 올라오는 소리가 들리면 부리나케 달려가 방의 형광등을 껐다. 내 방은 현관 옆이라 식구들이 귀가할 때 내가 자는지 아닌지 알 수 있었다. 방문이 잘 닫혔는지 확인하고 이불 속으로 재빨리 들어가 자는 척했다. 갑자기 불을 끈 것을 아빠가 눈치챘을까 봐 초조하고 두려웠다. 온몸의 신경은 곤두서고 잔뜩 예민해졌다. 제발 그가 투게더, 셀렉션, 엑설런트 등 아이스크림을 사 왔다며 깨우지 않기를 마음속으로 빌고 또 빌었다. 이대로 곧장 깊은 잠에 빠져들어서 만에 하나 그가 깨워도 일어날 수 없기를, 거실에서 벌어지는 일들을 들을 수 없기를 빌고 또 빌었다. 그러나 기도가 무색하게 정신은 말짱해서 하이드처럼 변한 아빠가 거실에서 한 마리의 짐승처럼 울부짖는 소리가 귓가에 꽂혀왔다.

갑자기 오줌이 마려우면 그렇게 난감할 수 없었다. 방에서 화장실까지 고작 몇 발자국인데, 그가 거실에서 버티는 한 결코 밖으로

부모님과 헤어지는 중입니다

나갈 수 없었다. 집에서 생리현상조차 자유롭게 해결할 수 없는 서러움에 감정이 북받쳐 묶음으로 눈물을 왈칵 쏟았다. 방광이 더는 버틸 수 없을 때까지 오줌을 참다가 거실에서 다투는 소리가 잦아들고, 방문 틈으로 가늘게 비치던 거실 불빛이 사라지면 그때가 기회였다. 그러나 거실 복판에서 널브러져 곯아떨어진 그가 혹시라도 깰까 봐 여전히 두려웠다. 도둑고양이처럼 살금살금 화장실로 건너가 마치 세상에 존재하지 않는 듯 소리를 죽이고 찔끔찔끔 조심스레 볼일을 봤다.

그가 만취 상태로 집에 돌아오는 건 시험 기간도 예외는 아니었다. 졸음을 쫓으며 교과서에 집중하고 싶은데, 밖에서는 여지없이 술에 취한 짐승이 울부짖는 소리가 들려왔다. 다른 부모는 자식이 공부를 안 해서 걱정인데, 아빠라는 사람이 자식 교육이나 미래에 관심 없는 내 신세가 처량했다. 끄억끄억 삼킨 눈물이 뺨을 타고 흘러내려 책과 노트를 적시고, 까만 잉크가 여기저기 번져서 간신히 글씨를 알아볼 수 있었다. 저런 사람 때문에 시험을 망칠 수는 없다는 심정으로 눈물범벅이 된 채로 다음날 시험 과목을 외우고 또 외웠으니 나도 참 독한 년이다.

한 번은 무슨 이유였는지 홀로 거실로 불려 나갔다. 그는 냉장고 문을 열더니 생뚱맞게 냉장고 청소를 하라고 지시했다. 집에 엄마와 할머니가 있었는데, 두 어른 모두 나를 보호하거나 지켜주지 않았다. 그들은 만취해 또 난동을 부리는 아빠가 꼴도 보기 싫다며 각자 방으로 들어갔다. 야속하게 그들의 방문은 굳게 닫혔고, 거실에는 아빠와 나, 둘만 남았다. 문이 오랫동안 열려서 띵, 띵 소리 나는 냉장고 앞에서 무릎 꿇고 고개를 떨구고 닭똥 같은 눈물을 하염없이 쏟아냈다. 그는 울분을 삭이지 못하고 고작 열여섯 살인 딸에게 "나를 무시하냐?"면서 고성을 질러냈다. 그의 입에서는 아이씨, 아이씨, 상스러운 추임새가 연거푸 흘러나왔다. 나는 두려움에 몸을 떨며 마비된 사람처럼 무기력하게 가만히 앉아 있었다.

시간이 얼마나 흘렀을까. 극도의 긴장감이 사라지자 오히려 노곤해졌다. 이제 될 대로 돼라, 같은 자포자기의 마음이었는지도 모르겠다. 지옥 같은 시간이 되도록 빨리 마무리되길, 그가 주체할 수 없는 에너지를 다 쏟아내고 곯아떨어지기를 무릎 위에 양손을 깍지 끼고 간절히 기도했다.

열아홉 살이 되던 해, 거짓말처럼 만우절에 그가 불의의 사고를 당해 수술과 치료를 위해 몇 년간 집을 비웠을 때, 비로소 이 지긋지긋한 악몽에서 벗어나 온전한 평화를 누릴 수 있었다. 비록 임시적이었고 마음이 편하지만은 않았지만, 이때가 내 인생에서 가장 평온한 시기였다.

두렵고 놀라운 사실은 나는 지금껏 폭력 상황에서 아이를 보호하지 않은 두 어른인 엄마와 할머니를 한 번도 원망하지 않았다. 아이를 폭력 속에 방치한 그분들의 태도가 잘못되었다고 전혀 자각하지 못했다. 열여섯 살, 어른들의 방치와 회피에서 정신적 괴롭힘을 홀로 감당해야 했을 때 '엄마도, 할머니도 이제는 이 지긋지긋한 상황에 환멸과 염증을 느끼니까. 아빠가 손찌검을 하거나 물건을 깨부수지는 않으니까. 두세 시간 혼자 난리법석을 떨며 괴성을 지르다가 힘이 빠지면 그러다가 마니까. 오늘은 나 혼자 몇 시간 견디면 돼. 그럼, 다른 분들은 오늘은 좀 편하잖아'라고 생각했다.

중학생의 나는 두려움 속에서 왜 나를 보호하지 않은 어른들을 원망조차 하지 않았을까. 대체 아무도 나를 지켜주지 않는 폭력 상황이 얼마나 일상적이었을까. 아마도 이때 이미 엄마와 할머니 두 어른에게 어른으로서 마땅히 해야 할 의무나 책임에 대한 기대감을 완전히 버렸던 것 같다. 나이는 나보다 훨씬 위이지만 무의식에서는 돌봐야 할 아이처럼 치부해서 기대감이 전혀 없으니, 이들이 어떤 말과 행동을 해도 실망하지도 않았던 것 같다. 아무도 나를 지켜주지 못한다고 너무 잘 알기에 폭력 상황에 버려졌다는 절망감을 견딜 수 없어서 '나 혼자 몇 시간 버티면 다른 분들은 오늘은 편하잖아'라는 자기합리화로 자존심을 지켰던 것 같다. 벗어날 수 없는 반복되는 공포 상황에 무력감을 느껴 폭력을 내재화했던 모양이다.

부모의 이혼, 가정의 해체라는 이런 엄청난 위기상황에서 아이가 간절히 찾는 건 '조난당한 나를 구해줄' 믿음직스럽고 품이 커다란 엄마다. 어찌할 바를 모르고 엄마! 엄마! 소리치는 아이에게 '왜 나한테 그러냐, 내 잘못이 아니다, 제일 힘든 사람은 나다, 지금 내가 너까지 어떻게 해줄 여력이 없다, 그러니 지금은 나 힘들게 하지 말고 가만히 있어라' 엄마가 이런 식으로 나오면, 혹은 (더 기가 막히게도) '니가 나를 좀 구해줘' 하는 식으로 아이 붙들고 울고 하소연하면서 불쌍한 사람이 돼버리면 아이는 더 이상 엄마를 어른으로 여길 수가 없다. 그냥 저나 별반 다를 게 없는 어린애로 보이고, 그러니 애가 옆의 애한테 하듯 그렇게 대하게 된다. 아이 눈에 이미 이렇게 된 상태에서 버릇이 없다느니, 혼이 나야겠다느니 하면 할수록 아이의 분노는 점점 더 거칠고 과감해진다.

   – 『사랑하지 않아서가 아니야(김경림, 마리네삼층집, 2015)』 59쪽

심리상담 중 냉장고 앞에서 두려움에 떨다가 자포자기한 심정으로 무릎을 꿇고 앉아 눈물을 흘리고 있는 열여섯 살의 나를 직면했다. 어른이 돼 마주한 그 시절의 내가 안 되고 가여워서 다시 눈물샘이 터져버렸다. 대체 엄마와 할머니는 무슨 짓을 한 거지? 아무리 자신들이 힘들어도 성인 남성에게 험한 꼴을 당하고 있는 아이만 어떻게 거실에 남겨두고 각자 자기들 방으로 잠적할 수 있지? 홀로 공포

를 맞서고 있는 어린 나의 지독한 외로움에 마음이 시렸다. 덜덜 떨고 있는 아이를 당장이라도 달려가서 꼭 안아주고 지켜주고 싶었다.

만일 내가 어린 나의 엄마였다면 어떻게 행동했을까. 당연히 거실로 달려 나와서 우선 아이를 안심시키고 제 방으로 들여보낸 뒤 이렇게 말했을 것이다. '당신 지금 애한테 뭐 하는 짓이에요. 제정신이에요? 애먼 사람 그만 괴롭히고 술 취했으면 얼른 주무세요.' 그리고 다음 날 아이에게 간밤에 괜찮았는지, 무섭지는 않았는지 꼭 물어보고, 엄마가 있으니까 너무 걱정하지 말라고 포근하게 감싸 안아주었을 것이다.

한 발자국 떨어져서 제삼자의 시각으로 나와 같은 성장과정을 겪은 타인의 사연을 들었다면 난 분명히 이렇게 말했을 것이다.

'아버지의 행동은 명백한 폭력이야. 어떤 이유로도 정당화될 수 없어. 그런 힘든 상황과 고통을 견디고 바르고 멋지게 성장했다니 대단하다. 나였다면 견디기 어려웠을 거야. 아빠에게서 벗어나고 싶을 만하네. 너를 지켜주지 못한 엄마가 밉고 불편할 만하고. 이제는 너도 어른이니까 미숙한 부모님과 굳이 얽히지 않아도 돼. 네 마음 편한 대로 자유롭게 살면 돼. 네가 하고 싶은 일 하고, 만나고 싶은 사람만 만나면서 살아도 아무도 뭐라고 할 수 없어. 부모님을 만나거나 연락하지 않더라도 네가 이기적이라고, 잘못하고 있다고 탓할 순 없어. 만일 누군가 어쭙잖은 충고를 지껄인다면 당당히 가운뎃손가락을 치켜들고 꺼지라고 말해줘. 누구도, 누굴 함부로 할 순 없어. 그럴 권리는 아무도 없다고. 그건 죄야.'1)

나는 그때도, 지금도 괜찮은 줄 알았는데 실은 하나도 괜찮지 않았다. 이 책에서 부모의 방치와 방관, 정서적 괴롭힘에서 괜찮은 줄 알았지만, 사실상 구체적으로 어떻게 전혀 괜찮지 않았는지에 대한 이야기를 하나씩 풀어보려고 한다.

---

1) 김수현 극본, 「모래성(1988)」 인용

자식을 위해 희생한 부모가 위험한 이유(1)

"부모님과 관계는 어떠세요?"

"음… 오히려 아빠와 관계가 좋은 것 같아요. 연락을 하거나 그런 관계는 아니지만, 오히려 연결 지점이 없고 저를 그냥 내버려 두시고 아빠는 또 아빠 인생을 잘 살아가시고. 돌이켜보면 그러면서도 제가 하고 싶은 일을 결국은 다 아빠가 아낌없이 금전적으로나 심리적으로 지원을 해주셨더라고요. 그야말로 희생이죠. 저도 제가 아빠의 희생으로 이만큼 살고 있다고 잘 알고 있어요."

"아빠를 향한 애정이 듬뿍 담겨 있군요."

첫 심리상담에서 '나는 아버지가 희생한 결과물이다. 아버지의 희생으로 이만큼 살고 있기 때문에 감사하다고 느끼고, 누구에게도 무

25

시받지 말고 당당하게 잘 살아야 한다'라고 말을 했다. 무엇보다 '희생'이라는 단어를 해맑은 표정으로 아무렇지 않게 내뱉었다는 데 놀라고 소름 돋았다.

대체 나는 왜 부모님이 나를 위해 희생했다고 서른 중반이 되도록 한 치의 의심도 없이 굳게 믿었을까. 알코올 의존증[2] 아버지가 오랜 세월 집안에서 공포 분위기를 조성하고 정서적 학대를 자행했는데도, 어떻게 이를 새카맣게 잊고 좋은 관계를 맺고 있다며 깊은 애정을 드러냈을까. 두려운 공포의 대상에게 한 치의 망설임 없이 거리감이 아닌 사랑하는 마음을 표현하다니 도저히 앞뒤가 맞지 않는다.

우선, 부모님이 나를 위해서 희생했다는 오랜 생각은 부모님을 향한 내 끝없는 죄책감의 근원이었다. 이는 내가 부모와의 감정적 탯줄을 끊지 못하고, 진정한 독립을 하지 못한 채 허구의 독립에 머무른 근본 원인이었다. 그리고 30대 이후로 아버지와 관계가 좋다고 착각한 이유는 여러 가지가 있는데, 그중 하나는 10대 시절부터 지금까지 아버지가 가장으로서 경제적 책임 하나만큼은 제대로 해내셨기 때문이다.

아버지는 일찍이 자신의 경제 활동을 가족을 위한 희생이라고 규

---

2) 예전에는 흔히 '알코올 중독'이라고 일컬었지만, 정식 명칭은 알코올 의존증이다.

정지었다. 대가족의 생계가 가족 가운데 유일하게 아버지에게 달렸기에 어머니는 아버지가 짠 프레임에 동조했다. 10대 때 엄마가 폭력 성향이 짙은 아버지를 이해해야 한다고 말한 논리도 결국은 아버지가 최소한 경제적 책임을 다했다는 이유였다.

엄마는 늘 '아버지가 힘들게 일을 하시고, 그 스트레스를 해소하는 유일한 방법이자 낙은 술이다. 아버지는 자신이 힘들게 일하는 만큼 즉, 가족을 위해서 희생하는 만큼 자신이 주정하는 모습을 가족들이 이해해야 한다고 믿는다. 엄마는 어쩔 도리가 없고(엄마도 아빠를 바꿀 수는 없고), 그러니 우리가 아버지를 이해해야 한다'라는 식이었다.

1950년대, 1960년대에 태어난 부모님은 누구보다도 경제적 결핍이 큰 사람들이다. 이들은 글자 그대로 찢어지게 가난하고 배곯는 고통을 실제 경험했다. 가족 부양 부담이 최고조에 달한 한창 일할 나이에 최악의 경제 위기인 IMF를 무방비 상태에서 정면으로 맞아야 했다. 가난에서 벗어나서 경제적 풍요를 누리는 것이 인생 최대 목표였으며, 자신들과 달리 자식이 경제적 궁핍을 겪지 않고 대학 교육을 제대로 마치도록 키우고, 나아가 결혼까지 성사시키면 부모로서 역할을 마침내 완료했다고 믿었다. 그렇다고 미성년 자녀의 의식주를 책임지고, 교육시키는 부모로서의 의무를 희생이라고 치부하면 곤란하다.

미성숙한 부모가 잘못 주입한 '자녀양육 희생론', '부모 희생론'에 매몰돼 '우리 부모님은 나를 위해서 한평생 희생하셨으니까 이제는 내가 보답하고 잘해드려야지'라는 죄책감을 안고 사는 자식이 비단 나 혼자는 아닐 것이다. 부모로부터 경제적, 물리적 독립은 마쳤지만, 정신과 영혼은 여전히 묶여 있는 자식이 얼마나 많을까. 우리나라 성인 부모-성인 자식이 서로에게 얼마나 유해한 지나친 정서적 의존관계를 맺고 사는지 유능한 누군가가 명쾌한 통계 수치를 보여줬으면 좋겠다.

그럼, 나는 정말 아버지가 희생한 결과물일까? 아버지는 정말 나를 위해서 희생했을까? 희생의 사전적 정의를 찾아봤다.

희생: 다른 사람이나 어떤 목적을 위하여 자신의 목숨, 재산, 명예, 이익 따위를 바치거나 버림. 또는 그것을 빼앗김.

아버지는 가족을 위한 생계 활동을 희생이라고 주장하지만, 나는 아버지의 목숨, 재산, 명예, 이익을 빼앗은 적이 없다. 아버지도 자식을 위해서 목숨, 재산, 명예, 이익을 버리는 희생을 감수한 적이 없다. 오히려 우리 삼 남매가 아버지의 주사를 견디느라 정신적 고통을 겪었으니, 군이 따지자면 희생은 아버지가 아니라 우리 삼 남매가 했다고 봐야 한다.

아버지는 희생이 아니라 부모로서 마땅히 해야 할 일을 했을 뿐이다. 부모이자 어른으로서 자식을 낳은 자신의 선택을 책임졌을 뿐이다. 억울하게 생각하는 고된 직업은 이미 자식이 태어나기 전에 자신이 선택했으며, 그 선택을 자식은 강요한 적도, 태어나지도 않았으니 강요할 수도 없었다. 마땅히 해야 할 의무와 책임을 희생이라고 치부하면 곤란하다.

그럼, 가족 사이에 희생했다는 말은 언제 적용해야 할까. 아픈 가족을 위해 장기를 이식하는 수술을 결정한다면 이는 희생이다. 의학 기술이 발달했지만 장기이식은 위험하고 어쨌든 목숨을 담보로 하는 수술이기에, 이런 경우에는 가족에게 은혜를 입었다고 할 수 있다.

만일 신호를 위반하고 달려오는 차에 치일 뻔한 자식을 발견하고 부모가 대신 뛰어들어 사고를 당했다면, 이는 부모가 자식을 대신해 목숨을 버리는 희생을 감수했다고 할 수 있다.

예전에 아들인 오빠나 남동생의 입신양명을 위해서 학비를 보태려고 딸인 누나나 여동생이 어린 나이에 여공으로 취업해 돈을 번 것도 당시에는 이런 정서가 보편적이었더라도 명백한 희생이다.

부모가 성인 자식의 무리한 금전적 요구를 들어주면 절대 안 된다고 생각한다. 그러나 만일 사업에 실패해서 경제적으로 어려운 처지에 놓인 자식이 딱해서 부모가 유일한 노후 자산인 집을 저당 잡혀서 자금을 융통해 준다. 이는 여윳돈이 아니라 자신들의 생존에 필요한 돈을 자식에게 바친 셈이니 희생이다. 자식으로서 반드시 보답하는 것이 도리다.

가족이라도 희생은 결코 당연하지 않다. 그러니 강요할 수도 없고, 강요해서도 안 된다. 우리나라는 '가족을 위한 희생은 당연하다'라는 억울한 정서가 뿌리 깊은데, 위험한 발상이다. 누군가 자신을 위해서 희생했다면 이는 평생 갚아야 할 커다란 빚을 지고 있는 셈이다. '희생'과 '당연하다'는 양립할 수 없는 표현이다. 그런데 이를 동일선상에 놓고 가족을 위한 희생이 당연하다며 섣불리 말하며, 다른 가족에게 희생을 강요하는 사람에게 묻고 싶다. 당신은 가족을 위해서 단 한 번이라도 희생한 적이 있는지를. 아마도 대부분은 '의무'와 '책임', '희생'을 혼동하고, 의무와 책임을 희생이라고 착각해서 함부로 지껄였을 것이다.

진정한 희생을 해봤거나 받은 경험이 있다면, 이 의미를 제대로 알고 있다면 함부로 '희생이 당연하다'라고 말할 수 없을 것이다. '내가 누군가를 위해서 희생했다'라며 온 세상이 알도록 자신이 희생한 사실을 떠벌리지도 않을 것이다. 희생이 얼마나 어려운 일이며, 결정하는 과정이 얼마나 힘겨운지 알고 있기 때문이다. 이들은 당연히 타인의 희생을 강요하지도 않을 것이다.

자식을 위해 희생한 부모가 위험한 이유(2)

"아버지가 일을 힘들게 하시고, 그 스트레스를 해소하는 유일한 방법이자 낙은 술이다. 아버지는 자신이 힘들게 일하는 만큼 즉, 가족을 위해서 희생하는 만큼 자신이 주정하는 모습을 가족들이 이해해야 한다고 믿는다. 엄마는 어쩔 도리가 없고(엄마도 아빠를 바꿀 수는 없고), 그러니 우리가 아버지를 이해해야 한다."

만취해 난폭한 언행을 일삼는 아버지 때문에 고통받는 자식에게 엄마가 습관처럼 하던 말이다. 한마디로 정리하면 아버지는 가족 생계를 책임지는 희생을 하고 있으니, 아버지의 폭력적인 언행을 나머지 가족들이 수용해야 한다는 의미이다. '알코올 의존증 아버지를 이해해야 한다'는 그럴듯한 말은 사실 논리적이지도 않고, 이치에도 맞지 않으며 여러 의미가 혼재돼 있었다.

착하고 순응하는 자식들은 유약하고 불쌍해 보이는 유일한 보호자인 엄마의 강력한 '아버지 희생자' 프레임에 사로잡혔다. 옳고, 그름이 허물어진 도저히 간극을 좁힐 수 없는 인지부조화 속에서 오랜 시간 갈등과 혼란을 겪으며 하나 둘 영혼이 서서히 파괴됐다. 엄마가 우리 삼 남매에게 호소하고 주입하던 '아버지 희생자' 프레임의 사실관계와 논리적 타당성을 하나씩 살펴보면,

1. 아버지가 힘들게 일을 하신다.

일의 속성은 기본적으로 힘들다. 일은 필연적으로 타인의 기대를 충족시켜야 하고, 평가를 피할 수 없다. 타인과 나의 기대가 높을수록 성과와 결과물의 더 많은 압박을 견디고 책임지는 자세를 갖춰야 한다. 그래서 아무리 좋아하는 취미이더라도 일이 되면 압박감과 스트레스를 피할 수 없다. 일은 돈을 벌기 위한 활동이고 대부분 생계유지가 목적이다. 목표 달성을 위해 수반되는 여러 못마땅한 상황들을 견뎌야 하니 본질적으로 힘들 수밖에 없다.

아버지는 아파트 건설 현장에서 근무하셨기 때문에, 육체적으로 고되고 위험하고 사회적 지위가 낮은 서러움도 많이 받으셨을 것이다. 그러나 냉정하게 이 일을 하기로 선택한 사람은 아버지 자신이며, 결혼을 하고 자식을 셋을 낳기로 결정한 사람도 아버지 자신

이다.

2. 그 스트레스를 해소하는 유일한 방법이자 낙은 술이다.

스트레스를 해소하는 방법은 무궁무진하다. 아버지가 선택한 방법이 술일 뿐이며, 술이 스트레스를 해소하는 유일한 방법은 아니다. 이것이야말로 알코올 중독자가 술을 마시고자 하는 전형적인 핑곗거리에 불과하다. 엄마도 저간의 사정과 변명거리가 있겠지만, 알코올 중독자의 행위를 제지는 못할망정 방관해서 결과적으로 동조하고 지지한 사람에 지나지 않는다.

3. 아버지는 자신이 힘들게 일하는 만큼 즉, 가족을 위해서 희생하는 만큼 자신이 주정하는 모습을 가족들이 이해해야 한다고 믿는다.

달리 말하면 아버지가 가족들의 생계를 책임지기 때문에 가족들은 아버지의 술주정을, 자식들은 공포 분위기를 조성하고 정서적 학대를 자행하는 아버지를 이해해야 한다는 의미이다. 물리적(신체적) 폭력이 아닌 정서적 폭력과 학대도 명백한 괴롭힘이며, 어떤 이유로든 정당화될 수 없다. 폭력은 폭력이고 학대는 학대이며 잘못은 잘못이다.

부모가 경제적 이유를 자신들을 이해해야 하는 근거로 내걸면 부모에게 생존권을 기댈 수밖에 없는 아이(자식) 입장에서는 아무 말도 할 수 없다. 어린아이도 먹고 살아가려면 돈은 반드시 필요하다고 본능적으로 알고 있다. 부모의 말이 꺼림칙하고 찜찜한데 가치관이 정립되지 않은 시기이고, 집을 떠나서 살 수 없기 때문에 불편한 감정에 의문을 갖기보다 주양육자인 엄마의 말을 이해하고 합리화하는 방향으로 생각이 기울게 된다.

그러나 아버지가 경제적 책임을 다하는 것은 희생이 아니라 가족 구성원으로서 해야 하는 당연한 의무이다. 과거에는 남편이 경제활동을 하고 아내가 육아와 살림을 도맡는 가정 내 역할 구분이 명확했다. 자식이 성인으로 성장하기 전까지 생존에 필요한 의식주를 책임지고, 적절한 교육과 보호를 제공하는 일은 부모가 해야 하는 가장 기본적인 의무이지 희생이 결코 아니다. 좀 거칠게 표현하자면 이런 아주 아주 아주 아주 기초적인 자세를 갖추지 않고, 인생이 고단하고 일하기 싫어서 자식 부양이 억울하다는 생각이 들 것 같다면 자식을 낳으면 안 된다. 이는 부모 자격에 미달하는 사람이다.

자식을 낳고 키우는 과정이 힘겨워서 인생을 자식에게 저당 잡혀 억울하다는 생각을 하는 순간, 자식은 부모에게 짐이 되고 부모를 억울하게 만든 일종의 '가해자'가 되어버린다. 자식은 어떤 선택을 해서 이 세상에 태어나지 않았다. 부모가 낳아서 세상에 나왔고, 그 과정에서 자식이 한 선택은 아무것도 없으니 뒤따를 책임도 없다. 이처럼 자식은 아무것도 하지 않았는데 엉뚱하게도 부모를 '희생'시킨 '죄인'이 돼 근원을 알 수 없는 죄책감을 떠안고 살아간다.

부모가 미성년 자녀를 부양하는 일을 희생이라고 규정한다면, 가해자 자녀는 피해자 부모를 향한 죗값을 다 치러야만 비로소 자신의 인생을 시작할 수 있다. 자신을 낳기로 한 부모의 억울한 선택을 대신 책임지는 짐을 짊어진 채 그들의 억울한 감정을 해소하고, 고귀한 희생을 기리고 이에 상응하는 일종의 대가를 지불해야만 비로소 숨통을 죄는 지긋지긋한 올가미에서 벗어날 수 있다. 이 무거운 과업을 다 마쳤을 때 그제야 원점으로 돌아와 자신이 한 선택에만 책임을 지는 온전한 자기 인생을 살아갈 수 있다. 그런데 이때는 이미 머리가 새하얗거나, 납골당에 안치될 날을 기다리는 노인이 되어 있을지도 모른다.

뭔가 이상하지 않은가. 희생자 부모론에서 정말 억울한 사람은 누구일까. 성인으로서 제 몫의 밥벌이를 하고 자신들의 선택으로 낳은 자녀를 양육하는 부모일까. 미성숙하고 몰염치한 부모를 만난 죄로 부모의 짐을 떠안아 평생 죄책감의 굴레를 벗지 못하고 희생을 강요받는 자식일까.

4. 엄마는 어쩔 도리가 없다(엄마도 아빠를 바꿀 수는 없다).

엄마 말이 맞다. 나 자신도 변하기 어려운데 하물며 타인을 어떻게 바꿀 수 있을까. 변화는 자신이 진정으로 깨달을 때 일어나며 굳건한 의지가 필요한 일이다. 특히, 중독성이 강한 술/도박/마약/외도/폭력/사기를 일삼으며 그 외 게임/쇼핑/종교 등에 중독되었다면, 사람을 바꾸려 하지 말고 되도록 신속하게 관계를 정리해야 한다.

이런 중독자를 이해해야 한다며 중독 행위를 방치하고 조장하는 것이 과연 엄마가 말하는 사랑일까. 성장과정을 들은 친구는 조심스레 "어머니는 마치 스톡홀름 증후군 같으신데?"라고 했는데 대단한 통찰이다. 엄마의 태도는 인질이 범인에게 동조하고 강화돼 피해자가 가해자를 변호하는 비이성적인 심리 현상인 스톡홀름 증후군과 별반 다르지 않다.

5. 그러니 우리가 아버지를 이해해야 한다.

알코올 의존증 아버지는 변하지 않을 테니, 그런 아버지를 자식들이 받아들여야 한다는 의미이다. 엄마는 근본 문제를 외면하고 우리가 아빠에게 맞추면 엄마가 꿈꾸는 행복한 가정을 유지할 수 있다고 자식에게 무거운 짐을 전가하며 잘못된 강요를 하고 있다. 이는 부모와 자식으로 구성된 정상(이라고 믿는) 가족을 유지하고 싶은 엄마가 보인 일종의 강박적인 현실 회피이자 자녀 방임이다. 유약하고 아이 같은 엄마는 상황을 벗어날 힘도, 자식을 지켜낼 의지도 없이 실은 진창에서 같이 죽어가자고 하고 있다.

엄마는 최근에도 "너희가 어렸을 때 내가 아빠와 너희 사이를 더 잘 중재하지 못해서 후회한다"라고 말씀하셨다. 엄마는 자신이 무엇을 잘못했는지 인지하지 못한 채 여전히 방관자적 입장을 취하고 있었다. 엄마가 했어야 할 역할은 중재자가 아니라 남편의 정서적 학대와 폭력에서 어린 자녀를 보호하고(폭력적인 남편으로부터 자식들을 분리하고), 자녀의 다친 마음을 보살피고 어루만지는 일이었다. 나에게 엄마는 아빠의 폭력에 침묵하고 방관하고 심지어 동조하고 지지하며, 문제의 해결을 피해자인 자식에게 미뤄버린 알코올 의존증 아빠보다도 더 끔찍한 2차 가해자에 지나지 않는다.

연약한 엄마는 누구에게도 미움받지 않고, 자신은 흠결 하나 없는 완벽한 사람으로 평생 천사처럼 착한 사람으로 인정받으며 살고 싶은 모양이다.

진지하게 조언하는데 너 예민한 성격 좀 고쳐야 해

  그날도 불안증이 여전했다. 엄마에게 전화해서 억울한 심정을 한참 동안 토로했다. 가장 가까운 통화 상대인 익숙한 엄마에게 통화 버튼을 하루에 수십 번씩 눌러 댔다. 머릿속에 떠오른 생각을 입 밖으로 내뱉지 않으면 견딜 수 없는 나날이었다. 아무 말이라도 토해내지 않으면 불안해서 미쳐버릴 것만 같았다. 말하고 싶은 욕구가 폭발해 도저히 제어할 수 없었다.

  평생 겪은 적 없는 불면증도 찾아왔다. 불면증의 고통을 호소하는 친구를 이해한다는 그동안의 위로는 전부 거짓이었다. 잠을 자고 싶은데 도무지 잘 수 없었다. 눈물을 한참 쏟다가 간신히 잠이 들더라도 자정에 잠들든, 새벽 2시에 잠들든 상관없이 새벽 4시면 자동으로 눈이 떠졌다. 깨어나서 몸을 움직였지만, 절대적인 수면 시간이 부족하니 정신이 온전치 않았고, 머릿속에 헝클어진 생각의 파편들은 전혀 정리되지 않았다. 간단한 메모를 하거나 이메일을 보낼 정도의 집중력 수준도 되지 않았다. 이렇게 정신없고 횡설수설한 상태로 누군가를 만난다면, 이상하거나 미친 사람으로 오해받을까 싶어서 덜컥 두려웠다.

갑자기 찾아온 불안증과 불면증은 다행히 일주일 정도 지나자 잦아들었다. 엄마에게 전화하는 횟수도 하루에 한두 번으로 줄었고, 납득할 수 없는 비상식적인 이혼 상황도 점차 받아들였다. 제정신이 들고나자 엄마에게 물었다.

"이런 불쾌하고 감정적인 이야기를 반복해서 듣고 있으면 지치지 않아?"

"엄마도 그 자식이 너무 괘씸하고, 화나고 억울해서 밤에 잠도 안 와. 그래도 엄마니까 괜찮아. 해소될 때까지 얼마든지 털어놓아도 돼."

기댈 수 있는 든든한 내 편이 있어서 인생 최악의 날들을 버텨낼 수 있었다.

그날도 여느 때처럼 엄마에게 허심탄회한 감정과 생각을 털어놓고 있었다. 엄마도 한참 동안 내 마음에 공감하고 같이 분개했다.

"하지만 너 그건 알아야 해. 너 이렇게 좋다가 갑자기 고집 피우며 예민하게 성질부릴 때 듣는 상대방은 얼마나 기분 나쁜지 몰라. 진지하게 조언하는데, 너 그건 좀 고쳐야 해."

난데없이 이런 말이 스마트폰 너머로 들려왔다. 대체 뭐지…. 방금까지 딸에게 먼저 이혼을 요구한 사위를 "찢어 죽여도 시원치 않을 몹쓸 놈"이라고 같이 욕하던 사람이 맞나 싶었다. 맥락 없는 엄마의 충고를 가장한 뚱딴지같은 공격과 교묘한 이중화법에 당혹스럽기 그지없었다.

"응, 맞아. 아주 간혹 그런 내 모습 때문에 그 사람이 힘들었는지도 모르겠어. 실제로 비슷한 말을 하기도 했었고."

일단은 덤덤한 척 전화를 끊었지만, 당시에 가장 믿고 의지하던 사람에게 무방비 상태로 날이 선 화살촉을 맞았다. 방패도, 갑옷도 아무것도 걸치지 않은 맨몸을 날카로운 화살촉이 파고들었다. 마음에 내상을 입어 피가 흐르는데도 혼란스러운 상황과 감정을 어떻게 처리해야 할지 몰라서 처음에는 아픈 줄도 몰랐다. 넋 나간 사람처럼 무기력하게 의자에 기대앉아 초점 없이 한동안 천장을 바라봤다. 갑자기 장마철 굵은 장대비처럼 세찬 눈물이 쏟아져 내렸다.

예민하다… 예민하다… 내가 정말 예민한 사람인가? 예민한 게 나쁜 건가? 이혼 상황에 처해 마음이 무너져 내린 딸에게 진지한 조언이랍시고 예민한 성격을 고쳐야 한다며 상처를 후벼 파는 엄마는 정작 어떤데? 엄마야말로 공감 능력은 떨어지고 예민성은 높은 사람인 것 같은데? 자신의 가치관이나 생각에서 조금만 벗어나면 불편한 감정이 드는 것 같은데? 그래서 쉽사리 상대방을 이상하다고 단정 짓고, 상대방을 위한다는 교묘한 화법으로 자신의 불편한 감정을 상대방의 탓으로 돌리며 상처 주는 말을 서슴없이 던지는 것 같은데?

엄마가 내게 단점이라며 고치는 게 좋겠다고 말한 예민한 성격은 실은 엄마의 모습이자 엄마의 단점이었다. 엄마는 자신이 감추고 싶은 예민한 성향을 딸인 나에게 투영해서 떠넘기고 있었다. 내가 아니라 실은 엄마야말로 말할 수 없이 초 예민한 사람이었다. 나의 예민한 성격은 엄마를 닮은 거였다. 예민함은 내 모습이자 엄마의 모습이었다. 인정하고 싶지 않지만, 엄마와 나는 수많은 장단점을 공유하고 있는 사이였다. 부모와 자식은 이런 식으로 닮는구나 싶었다.

"예민한 성격을 고쳐야 한다"는 말 한마디에 나는 왜 이리 속절없이 무너졌을까. 그것은 엄마와 마찬가지로 나에게도 예민함은 나쁘고 이상한 것이라 남들에게 들키지 않도록 감춰야 하는 오랜 약점이자 치명적인 콤플렉스였기 때문이다. 부모님은 종종 이런 말들을 쏟아내곤 했다.

"너는 너무 예민해. 성질 좀 죽여야 해."

"마음이 그렇게 좁아서 어디다 쓰니. 넌 좀 더 너그러워져야 해."

"왜 또 그렇게 예민하게 구니. 그렇게 까다로워서 이 복잡하고 험한 세상 어떻게 살아가려고 그러니?"

그래서 어렸을 때부터 나는 내가 예민하고 까칠하고 상대하기 까다로운 모난 사람이라고 생각했다. 내 예민함 때문에 주변 사람들이 상처받을까 봐 매사에 조심스러웠고, 사람들과 잘 어울리지 못하거나 친구들이 떠날까 봐, 사회생활을 제대로 해내지 못할까 봐 두려웠다.

그런데 정작 내 예민함을 지적하고 문제 삼은 이들은 가족이 거의 유일했다. 다른 듯 닮은 엄마와 아빠, 전남편 세 사람이 전부였다. 이들의 공통점은 자기중심적 성향이 강해서 타인의 생각이나 의견을 수용하는 데 미숙하다. 자신에게 조그만 흠결이라도 생기는 것을 용납할 수 없다. 다른 생각이나 반대 의견을 공격으로 받아들여 너무 쉽게 상처받고, 이를 타인의 문제와 책임으로 돌려버리곤 한다.

이들에게 때때로 나의 생존과 인생에 직결된 문제를 관철시키려면 결국은 고집스러워질 수밖에 없다. 공감 능력은 떨어지고 쉽게 남 탓을 일삼는 고집불통인 이들에게 한두 번 말해서는 절대 내 감정과 마음을 이해시킬 수 없다. "어쩔 수 없다", "네가 이해해야 한다", "욕심이 너무 많다", "다들 그렇게 산다"처럼 문제의 본질을 회피하고 결국은 나를 탓하는 말만 돌아오기 일쑤이다.

자신의 고통과 감정에만 골몰해서 자식이나 배우자이더라도 타인의 감정과 고통에는 무감각하다. 막다른 상황에 몰려 죽을 것 같은 고통을 호소하거나 머리끝까지 분노가 차올라 악을 쓰고 화를 내야 그제야 '음… 상황이 심각한 건가?'라는 문제의식이 고개를 빼꼼히 드는 정도이다. 더 심한 경우에는 상황이 이 정도에 이르러도 문제의 심각성을 인정하지 않고 자기변명과 핑계만을 늘어놓기도 한다. 이러한 부모와 배우자에게는 예민하고 까칠하고 고집스럽게 말하고 행동할 수밖에 없다. 만일 이들의 편협한 충고대로 끊임없이 정서적으로 공격당하는 상황에서 관대하고 너그러울 수 있다면, 오히려 이 비정상적인 행동 반응의 원인이 무엇인지, 문제에 직면하기보다 너무 쉽게 회피만 하고 있지는 않은지 진지하게 돌아보아야 할 것이다.

부모님의 지적처럼 과연, 예민한 건 나쁜 것일까. '예민하다'의 사전적 정의는 다음과 같다.

예민하다 [형용사]
1. 무엇인가를 느끼는 능력이나 분석하고 판단하는 능력이 빠르

고 뛰어나다.

2. 자극에 대한 반응이나 감각이 지나치게 날카롭다.

3. 어떤 문제의 성격이 여러 사람의 관심을 불러일으킬 만큼 중대
하고 그 처리에 많은 갈등이 있는 상태에 있다.

사람들은 무난한 성향을 긍정적, 예민한 성향을 부정적으로 몰아
가는 경향이 있는데, 예민함은 나쁘고 이상한 것이 아니라 그냥 예
민함이다. 함부로 타인을 예민하다고 규정짓고 공격하는 사람이 오
히려 더 예민한 성격일 확률이 높다. 자신이 둔감할수록 타인의 예
민함도 둔감하게 받아들이지 않겠는가.

나는 부모의 오랜 가스라이팅에 익숙해서 세상에 나보다 더 예민
한 사람은 없을 것이라는 착각 속에서 살아왔다. 그래서 전남편이
나보다 더 예민한 성향이라고 파악하지 못했다. 오히려 까다롭고 예
민한 나에게 둔감하게 맞춰서 살아줘 고맙다는 생각에만 골몰했다.
그래서 "넌 너무 예민해"라는 지속된 가스라이팅을 눈치채지 못하
고, 어렸을 때 부모에게 반응했듯이 그의 무리하고 까다로운 요구
사항을 만족시키지 못해 자책하고 늘 미안한 마음이었다.

심리상담에서 선생님이 물었다.

"자신의 예민한 성향이나 성격이 싫은가요?"

"아니요. 남들 눈에는 안 보이는 것들이 저는 자꾸 보이니까 생각이 많아져서 피곤할 때도 있지만, 제 예민함을 사랑하는걸요. 예민하지 않다면 어떻게 제가 좋아하는 글쓰기를 할 수 있겠어요. 예민함은 장점도 많아요. 타인의 섬세한 감정을 잘 헤아려서 공감을 보내고, 배려하며 세심하게 대할 수 있거든요. 전 그게 참 좋아요."

이제는 나의 예민함을 불안해하거나 더는 감추지 않고 마음을 다해 사랑하기로 했다.

엄마의 이해할 수 없는 말들

엄마는 선량하고 좋은 사람이다. 성격은 유순하고 말수는 적고 타인에게 잘 맞추는 편이라서 어지간한 사람이라면 좋아하지 않을 수 없다. 친밀한 관계에서 맥락과 상관없는 엉뚱한 소리를 갑자기 툭 내뱉어 당황스러울 때가 있는데 자주 있는 일은 아니라 대수롭지 않게 여겼다. '이건 뭐지? 뭔가 이상한데? 좀 찜찜한데?' 아주 가끔은 '내가 알던 엄마가 맞나?' 싶을 때도 있었지만, 엄마의 헷갈리는 태도와 말과 행동을 어떻게 이해하고 받아들여야 할지 도무지 알 수 없었다.

엄마는 실은 자신의 억압받고 억울한 인생을 딸인 나에게 투영해서 자신처럼 억압받고 억울하게 살기를 강요하고 있었다. 이를 깨닫고 나서 비로소 엄마의 실체가 제대로 보였다. 엄마를 향한 불편하고 헷갈리는 감정의 뿌리를 이제는 알 것 같았다. 경제적 책임을 다하는 알코올 의존증 남편, 맏며느리로서 40년 가까이 모시고 있는 시어머니, 세 자녀와 함께 살아가는 가부장적이고 고지식하며, 순응적이고 의존적이고 회피적인 엄마가 자식을 어떻게 방임하고 헷갈리게 하는지, 엄마의 이해할 수 없는 말들을 구체적으로 정리했다.

1. 만취해 고성을 지르고 난동을 부리는 아빠가 무섭고 싫다며 괴로움을 호소하는 10대 자식들에게

"엄마도 결혼 전에는 아빠가 이렇게 술주정이 심한 분인 줄 몰랐어. 외가댁에는 이런 어른이 한 분도 계시지 않았거든. 엄마도 결혼 뒤에 얼마나 놀랐는지 몰라. 하지만 어쩌겠니. 그래도 아빠잖아. 아빠가 현장 일이 너무 힘드셔서 그래. 술이 유일한 낙이신걸. 아빠는 자신이 술 취해 하는 행동을 가족들이 이해해야 한다고 생각하셔."

엄마는 자식의 괴로움은 나 몰라라 하고, 시종일관 자신의 입장을 자식이 이해하기를 일방적으로 강요하며, 아빠의 입장만을 대변하고 있었다. 아무리 고통을 호소해도 외면받기 일쑤이니 엄마에게 어른이자 보호자로서의 역할 기대를 일찍이 포기한 것은, 암울한 현실에 적응하고 생존하기 위한 당연한 행동 결과였던 것 같다.

2. 10대 때 "엄마가 아빠와 이혼했으면 좋겠다고. 우리 삼 남매

는 당연히 엄마를 따라갈 거라고. 그럼, 아빠 재산 절반 차지하고 더는 할머니와 아빠를 신경 쓰지 않고 그렇게 살아도 된다고. 꼭 이혼하라는 말은 아니지만, 그 정도로 마음이 힘들다"라고 토로했을 때

"엄마는 아빠와 살고 있는데 그렇게 말하면 엄마는 어떡하니"라는 악에 받친 한마디만 돌아왔다. 자식들은 보통, 부모가 사이좋게 지내는 모습을 보기를 바라는데 당시에 나 자신이 얼마나 괴롭고, 또 엄마가 얼마나 힘들어 보였으면 10대 자식 입장에서 부모에게 이혼을 권했을까 싶다.

이때부터 20년 가까이 지났지만 알코올 의존증 남편에게 의존하고, 까다로운 시어머니를 감내하고 살며 무기력감과 우울감에 사로잡힌 엄마의 일상은 별로 달라지지 않았다. 인생과 역사에 가정은 없지만, 인간관계를 끝맺어야 할 때 상실이 두려워 주저하다 병든 관계를 연장했을 때 한 개인의 영혼은 어디까지 파괴될 것인가. 예전에는 엄마를 구해내고 싶은 마음이 컸는데, 자신을 구원할 수 있는 것은 결국 자기 자신이며 타인의 인생을 함부로 대신할 수 없다는 사실을 깨닫고는 이제는 오히려 유약한 엄마와 선을 긋고 살고 싶어졌다.

3. 내가 20대 중반에 첫 월급을 탔을 때

"앞으로 월급을 받으면 엄마에게 맡기고 필요한 만큼만 타서 쓰는 건 어때? 넌 이렇게 큰돈을 굴려본 적이 없잖아. 함부로 낭비할 수도 있고. 그러니까 엄마가 대신 잘 관리해 줄게."

신용카드 내역에는 개인의 내밀한 사생활과 실제 모습이 고스란히 반영되듯이, 내 수입과 지출 관리를 돕겠다는 엄마의 그럴듯한 말은 성인이 된 자식의 행동을 일일이 통제하고 간섭하겠다는 소리로밖에 들리지 않았다. 아니면 인생이 너무 지루하고 심심할 만큼 할 일이 없거나.

이 제안에 나는 "돈을 제대로 관리해 본 적이 없으니까 오히려 직접 관리하며 돈이란 무엇인지 이해하고 스스로 노하우를 터득해야 한다"라며 단칼에 거절했는데, 인생에서 가장 잘한 결정 가운데 하나였다.

4. 남자친구 없느냐고 묻더니 대뜸

"네가 남자친구가 생기면 엄마가 참 잘해줄 텐데"라는 답변이 돌아와서 섬뜩했다. '어떤 사람이 이상형이냐', '애인을 왜 만들지 않느냐', '남자에게 관심이 없느냐' 등의 질문이 아니라 딱 이 말 한마디만 돌아왔다. 이때 처음으로 엄마는 누군가에게 진심으로 관심이 있거나 좋아해서가 아니라 자기만족을 위해서 애정을 '베풀고' 정신적으로 '지배할' 대상을 끊임없이 갈구하고 있다고 깨달았다. 엄마에게 애정할 대상이란, 일종의 도구나 마찬가지라 아마도 그 대상이 어떤 사람인지는 크게 중요하지 않을 것이다. 엄마에게 사랑이란 주고받는 것이 아니라 불쌍하고 안쓰러운 대상에게 시혜적으로 베푸는 것에 가깝다.

5. 한밤중 거리에 쓰러져 있는 동생을 발견했다고 경찰에게 연락이 왔을 때

도무지 엄마를 이해할 수도, 평생 용서할 수도 없는 순간이다. 경찰은 무슨 이유인지 동생과 같이 사는 부모님이 아니라 나에게 연락을 했다. 일단 상황을 파악하고 다시 내가 부모님께 연락을 취하자 엄마는 바로 병원으로 향하기는커녕 갑자기 횡설수설 자신 때문에 동생이 그렇게 된 것이 아니라며, 낮에 무슨 이유로 동생과 갈등을 빚었고 다투었는지 자신은 잘못이 없다며, 나에게 이해를 바라는 설명을 늘어놓기 시작했다. 동생의 상태가 어떤지 걱정돼 죽겠고, 나도 빨리 병원으로 출발해야 하는데 변명을 멈출 생각이 없어 보였다. 결국 스마트폰 너머로 소리를 꽥 지르고 분노를 표출한 뒤에야 전화를 끊을 수 있었다.

생각해 보면 늘 이런 식이었다. 우리 부모님은 평범하고 일상적인 언어로는 전혀 대화가 통하지 않는다. 지금 어떤 변화나 조치를 취하지 않으면 죽을 것만 같다고, 생존을 위한 발버둥을 치며 극심한 고통을 호소하는 정도가 돼야 그제야 '돌아볼까? 말까?' 망설이기를 시작하는 분들이다. 이 사건으로 그나마 남아있던 부모에 대한 마지막 신뢰마저 산산조각 나버렸다. 아마도 우리 부모님은 자신들이 자행한 정신적 고통을 견디지 못하고 자식이 먼저 세상을 떠나더라도, 끝끝내 자신들은 잘못이 없고 결백하다며 변명을 일삼을 사람들이다. 자식의 속 좁음과 나약함을 탓할 사람들이다. 그러니까 억울해서라도 죽음을 택하지 말고, 모질게 더 당당하고 행복하게 살아야 한다.

6. 입원한 동생에게 여자 레지던트가 배정되자

"입원을 잘했는데 새파랗게 젊은 여의사가 배정되었지 뭐니. 새파랗게 젊은 여자가. 믿음이 별로 안 가."

엄마는 맏며느리로서 평생을 시어머니를 모시며, 설날과 추석 차례를 비롯한 각종 제사 준비를 도맡고 있다. 우리 집은 제사를 남자들만 지내고 나보다 7살 어린 남동생은 걷기 시작할 때부터 장손으로서 제사에 참여할 의무를 부여받았다. 명절 식사에서 여전히 남자 상, 여자 상이 따로 있다. 이런 환경에서 엄마는 가부장적인 사고방식을 체화하고, 남성이 여성보다 우월하다는 신념을 갖게 되었을 것이다. 하지만 그 또래의 딸을 대학교육까지 마치도록 지원한 엄마의 입에서 이런 성차별적인 말이 튀어나오리라고 한 번도 상상한 적이 없어서 나는 큰 정신적 충격을 받았다.

**7. 전남편이 나에게 전 시부모에게 잘하지 못한다는 억지 이유로
이혼을 요구했을 때, "그래도 아이는 없어서 다행이다"라고 위
로하고, 딸의 억울함과 부당함에 한참 공감하다가 오랫동안 부
부관계도 없었다는 말을 듣더니 또 대뜸**

"그래도 남자는 정기적으로 풀어줘야 하는데, 걔는 어떻게 참았다
니"라며 전남편을 편들고 나를 탓하는 듯한 발언을 해서 또 말문이
막히고 한동안 혼란스러웠다. 상황과 맥락에 상관없는 엄마의 솔직
함은 당황스러움을 넘어 경악스럽기도 하다. 아마도 이 놀랍고 신선
한 망언은 평생 잊지 못할 것 같다.

**8. 결혼할 때 전남편이 어떤 남편이길 기대했는지 묻는 말에 "엄
마와 아빠가 싸우면 아빠가 먼저 지는 척 화해를 청하곤 하잖
아. 그 사람도 연애할 때 따뜻하고 나에게 잘 맞춰주고 나보다
나이도 많으니까 그럴 거라고 생각했다"라고 대답하자**

"그런데 그건 알아야 해. 엄마는 결혼해서 지금까지 할머니를 계
속 모시고 있잖아. 엄마가 하는 게 있으니까 아빠가 그렇게 행동하
시는 거야."

그럼, 나는 전남편에게 아내로서 의무와 역할을 다하지 않아서 전

남편이 나를 무시하고 함부로 대한다는 의미인가. 전업주부인 엄마와 회사를 다니는 나는 처한 상황이 다른데, 이때도 엄마는 자신의 처지를 나에게 투영해 말하고 있었다. 엄마의 논리는 아내가 시부모를 모시는 의무와 책임을 다하지 않으면 남편이 먼저 화해할 이유도 없다는 식이다. 아내가 어느 정도의 희생을 해야지만 남편에게 대우받을 수 있다는 기가 찬 말이다. 평생 자신을 남편보다 낮은 자리에 두는 것을 당연하게 여기고 살아온 엄마가 안 되고 불쌍했다.

9. **결혼 2개월 뒤 찾아온 첫 번째 명절, 명절에 외식을 했다던 전 남편이 우리 신혼집에 시가 식구와 친척을 초대해 명절을 보내겠다고 통보했을 때, 엄마에게 "결혼했다고 내가 왜 이런 불평등을 일방적으로 감내해야 하는지 모르겠다"라는 억울함을 토로하자**

"어지간한 일은 남편이 하자는 대로 따르고 그냥 좀 져 주렴. 엄마 하는 거 보고 자라서 알아서 잘할 줄 알았더니 아니었구나. 며느리라는 자리가 원래 그런 거야. 억울해도 참고, 말하면 안 되고. 결혼이 원래 그런 건데 설마 모르고 결혼한 건 아니지?"라며 불합리함을 감내하지 못하는 내 성격을 탓하고, 조선시대의 삼종지도(三從之道) 같은 훈계를 했다. 억울한 감정은 해소할 길 없이 막막했고, 이때도 혼란스러웠다.

한편, 이혼한 전 시어머니는 자신의 옛 가족을 명절에 신혼집에 초대해 대접하지 않은 나의 행동을 두고 "옛 가족이 명절마다 외식해서 이혼 뒤 마음이 얼마나 아팠는 줄 모른다. 결혼할 때 명절만 좀 잘 챙겨달라고 당부하지 않았니. 네가 만일 내 딸인데 이처럼 행동했다면 단단히 혼을 냈을 거"라고 훈계하며, 자신이 못다 한 책임을 며느리에게 전가했다.

평생 며느리로 살며 자신의 권리를 제대로 누리지 못하고 가족을 위해 희생하는 삶이 익숙한 엄마와 전 시어머니는 이란성쌍둥이처럼 똑 닮아 있었다.

친한 언니는 이 이야기를 듣자마자 "미쳤나 봐. 자기 딸이면 쉽게 혼낸다는 소리가 나오겠어? 펄쩍 뛰었겠지"라고 열을 내며 말이 다 끝나기도 전에 내 편을 들었는데, 속이 다 시원했다. 이것이 딸을 사랑하는 엄마의 정상적인 반응이지 않을까 싶었다.

10. 엄마에게 전화로 이혼의 고통을 토로하자 계속 공감과 위로의 말을 하다가 또 난데없이

"그래도 너 그건 알아야 돼. 네가 갑자기 성질부리고 할 때 상대방이 얼마나 상처받고 사람 미치게 하는지. 이건 꼭 말해야겠어. 너 그 예민한 성격은 정말로 좀 고쳐야 해."

태생적으로 절대 내 편일 수 없는 엄마를 믿고서 불평등한 결혼생활의 고충과 갈등을 털어놓았으니 제대로 된 해결책이 보일 리 없었다. 억울해도, 말이 안 돼도 그저 참고 또 참는 것만이 답이었으니까. 엄마는 내가 불행한 결혼생활을 4년 넘게 끌어오며 방치할 수 있었던 1등 공신이라고 감히 말하지 않을 수 없다.

이제는 엄마가 언제 기습적으로 자신의 인생을 투영한 배려심 없는 공격과 강요를 할지 모른다는 두려움이 앞서서 더는 진솔한 대화를 나눌 수 없다. 엄마가 나를 사랑해서 한다는 모든 말과 행동들은 전혀 신뢰할 수 없다. 실제로 보탬이 되기는커녕 소중한 인생을 야금야금 갉아먹고 자꾸만 나락으로 끌어내리려고 하니까. 악의가 없는 진심이라서 더 무서운 언행들이니까.

엄마에게서 정서적으로 벗어나지 못한 딸이 갖는 생각(1)

"엄마와의 관계는 어떠세요?"

"엄마는… 음…"

엄마와의 관계를 묻는 상담 선생님의 질문에 무슨 이유인지 제대로 답을 할 수 없었다.

"엄마는 잘해주세요. 자식들을 누구보다 사랑하시고…."

말끝을 흐리고 대답을 하려다 말문이 멎기를 몇 번을 반복했다.

"엄마는 잘해주시는데 뭐랄까…. 너무 다 해주시려고 한다고 해야 할까요. 독립할 수 있도록 이제는 물고기 잡는 법을 알려줘도 충분한데, 계속 물고기를 직접 잡아주려고 한달까요. 엄마가 잘해주는데, 전 그게 편하지만은 않아요. 그런데 어떻게 설명해야 할지 모르겠어요."

"엄마에 대한 감정이 아직 잘 이해되진 않네요. 상담을 진행하다 보면 좀 더 알 수 있겠죠."

첫 번째 상담에서 엄마에 대한 감정을 묻는 질문에 말문이 막히고 대답을 망설이는 나 자신이 당황스러웠다. 이제껏 엄마와의 관계가 좋다고 믿었는데, 실은 그렇지 않은지도 모른다는 불길한 예감이 스쳐 지나갔다.

엄마에 대한 복잡한 감정은 지난 페이스북 기록에서 잘 드러나고 있었다. 페이스북의 '과거의 오늘' 서비스는 과거의 오늘 날짜에 남긴 기록을 모아서 보여준다. 이 기록에서 엄마를 향한 불편하고 혼란스러운 감정이 지난 10년간 변하지 않았다고 알게 되었다. 사람은 잘 변하지 않는다지만, 어떻게 10년 전과 이렇게 똑같을 수 있는지 충격이었다.

'나도 더는 어린애가 아닌데, 휴….'
'엄마는 끊임없이 나를 지배하려고 한다.'

부모님과 헤어지는 중입니다

'엄마는 착하다는 말로 나를 길들이려고 한다.'

'제발 그만 신경 쓰고 좀 내버려뒀으면 좋겠다.'

'나도 이제는 성인이라서 엄마 말을 꼭 듣지 않아도 된다고 머리로는 알지만, 엄마의 한마디에 왜 이렇게 지대한 영향을 받고 못 벗어나는지 잘 모르겠고 답답하다.'

'힘겨움을 토로하자 어찌하겠니. 다들 그렇게 살아가는 거란다, 라는 무성의한 반응만이 돌아왔다. 오히려 가슴이 더 답답해졌다.'

과거의 기록을 살펴보면 이미 오래전, 엄마가 나를 지배하고 통제하려고 한다고 잘 알고 있었다. 엄마의 태도에 답답함과 불편함, 부담스러운 감정을 끊임없이 호소하고 있었다. 최근의 엄마와 관계가 괜찮다는 왜곡된 생각과 달리, 20대 초반에 엄마와 6개월인가 1년간 말하지 않고 일방적으로 엄마를 무시한 시기도 있었다. 그렇게까지 화낼 일이 아닌데 무슨 이유인지 엄마는 비정상적으로 미친 사람처럼 나에게 화를 폭발한 적이 있었다. 지금 생각하면 엄마는 부정적인 모든 감정을 억누르며(부정하며) 참고 사는 데 익숙한 사람이라 나와의 사소한 대화에서 어떤 트리거가 작동해 그동안 전혀 표출하지 않고 누적된, 걷잡을 수 없는 분노가 한번에 폭발한 것 같다. 하지만 며칠 뒤 나에게 용서를 구하는 엄마에게 "나를 사랑한다는 말을 더는 믿을 수 없다. 그건 자식을 이해한다는 사람의 태도라고는 도저히 납득할 수 없다"라며 매정하게 화해를 거절할 만큼 당시에 나는 너무 큰 충격과 마음의 상처를 입었다.

이처럼 여러 사건을 겪으며 문제의식이 있는데도 나는 왜 10년 넘게 혼란스러운 감정을 해결하지 못하고 방치했을까. 회피와 외면만이 최선의 해결책이었을까. 해결하는 법을 몰랐던 것일까. 실은 해결하고 싶지 않았던 것일까.

분명한 건 엄마는 늘 "너희들이 잘되기를 바란다"라고 말하곤 하지만, 정작 자식들이 자신의 품을 떠나 완전한 독립을 하기를 바라지 않았다는 사실이다. 부모님이 우리 삼 남매가 진정으로 행복하기를 바랐다면, 우리는 행복한 어른으로 성장했을 것이다. 진정으로 독립하기를 바랐다면, 우리는 분명히 독립적인 어른으로 성장했을 것이다. 대부분의 아이들은 부모가 기대하고 바라는 대로 성장하기 마련이니까.

엄마의 진심은 자식들이 영원히 자신에게 의존하는 어린아이 같은 존재로 남아있기를 바랐다. 몸과 마음이 다 자란 자식을 어린아이 돌보듯이 먹이고 입히고 재우며 품 안의 자식으로 키우는 데 머물고자 했다. 이를 거부하면 말로는 "괜찮다"라고 하지만 얼굴 표정과 온몸으로 크게 실망한 티가 여과 없이 드러났다. "너는 애가 참 특이하다" 또는 "독특하다"라며 교묘하게 자식을 탓하는 말도 서슴지 않았다. 어린아이 상태로 머물기를 바라는 엄마의 기대를 저버리기는 결코 쉽지 않았고, 만일 이를 거절하면 죄책감의 구렁텅이에 빠질 수밖에 없었다. 성인이 된 자식에게 어린아이에게 하듯이 강한 애착을 나타내는 엄마는 자식들의 독립을 지연시키고 무기력감을 불러일으켰다. 그런데 엄마는 이것이 엄마로서의 역할이자 의무이고 사랑이라고 굳게 믿었다.

나는 지배적인 성향의 부모에게 불편하고 복잡한 감정을 느끼며 일종의 허구의 독립을 형성하고 있었다. 허구의 독립이란, 실은 의존적인데 겉으로만 독립적인 것처럼 보이는 가상의 독립성, '수도-인디펜던스(pseudo-independence)'라고 한다. 인간은 기본적으로 중요한 대상자와의 관계에서 '의존적 욕구'를 채우고자 한다. 의존적 욕구란 어떤 조건과 상황에 상관없이 나를 가장 소중한 대상으로 대하길 바라는 마음이다. 위로받고, 보호받고, 사랑받고, 나를 있는 그대로 인정하길 바라는 마음이다. 의존적 욕구를 채우지 못한 아이는 허구의 독립성을 갖는다. 마음에는 상처가 있는데 겉으로는 독립적이고 굉장히 의젓한 사람으로 보이며, 알아서 제 앞가림을 다 한다.

허구의 독립성을 가진 아이는 부모를 실망시킬까 봐 자신의 감정과 생각을 잘 표현하지 못한다. 부모의 처지를 예상해서 내가 지금 엄마를 필요로 하지만, 엄마가 바쁘고 힘들다고 생각해서 말하지 못한다. 어린 시절 허구의 독립성을 가지면 가족의 모든 일을 자신이 책임져야 한다는 부담감을 갖고 힘들게 살아가곤 하거나, 자녀를 키울 때 아이에게 지나치게 독립을 강요해서 아이에게 아주 어른스럽게 행동하라고 요구하기도 한다.

하고 싶은 대로 하고 살면서 내심 마음대로 하고 있지 않은 것 같은 모순적인 감정의 실체를 알 것 같았다. 알코올 의존증 아버지의 횡포에서 아무도 보호해주지 않은 상황에서 생존을 위해 독립적으로 성장할 수밖에 없었고, 유약한 엄마의 눈치를 살피느라 어리광한 번 부리지 못하고 감정을 억압하며 의젓하게 행동할 수밖에 없었다. 온전히 사랑받고 싶고 의지하고 싶은데, 그럴 수가 없었다. 누군가에게 의존하고 싶은 욕구를 채우지 못한 깊은 결핍이, 독립적으로 사는 것 같은데 실제로는 그렇지 않은 것만 같은 내 오랜 복잡하고 방황하는 감정의 근원이었다. 지배적인 엄마를 벗어날 힘이 충분한데도, 과감하게 떨치지 못하고 지금까지 엄마 주위를 계속 맴돌았던 까닭이었다.

엄마에게서 정서적으로 벗어나지 못한 딸이 갖는 생각(2)

　　다음과 같은 생각이 든다면 부모에게 아직 정서적으로 벗어나지 못하고, 감정 착취를 당하고 있을 가능성이 높다.

- 부모님을 생각하면 갑자기 눈물부터 난다.
- 부모님을 떠올리면 나도 모르게 한숨이 쉬어진다.
- 부모님은 나를 위해 희생한 분들이라고 생각한다.
- 내가 부모님 인생의 전부라고 생각한다.
- 부모님과 같이 있으면 왠지 모르게 불편하다.
- (타인과의 관계에서는 괜찮은데) 유달리 부모님에게 나는 나쁜 자식, 부족한 자식처럼 느껴진다.
- 부모님을 만나고 싶지 않은데, 정작 만나지 않으면 죄책감이

든다.

- 평소의 모습과 부모님 앞에서의 모습이 많이 다르다.
- 부모님 앞에서 가장 나답지 않은 모습을 꾸며낸다.
- 부모님을 만나고 오면 에너지가 바닥나서 아무것도 할 수 없다.
- 최소한 부모님 얼굴에 먹칠하는 행동을 하면 안 된다고 생각한다.
- 내 뒤에는 부모님이 버티고 계시니 안심해도 된다고 생각한다.

이런 복잡한 감정 상태가 뒤엉킨 채로 부모에게 정서적으로 잠식돼 있으면, 현실에서 무슨 일들이 벌어지고 어떤 마음으로 살아가는지 좀 더 구체적으로 털어놓으려고 한다.

1. "모든 것을 내 마음대로 하고 있는 것 같은데, 한편으로 아무것도 내 마음대로 하고 있지 않은 것 같다."

마음대로 하면 하는 것이고, 아니면 마는 것이지 무슨 이상한 소리인가 싶을 수도 있다. 그런데 나는 이런 모순적이고 불편한 감정에 사로잡혀 살아서 매 순간 불안했고 아주 드물게 행복했다.

운이 좋게도 인생은 대체로 내가 바라는 방향으로 흘러갔다. 원하는 대학의 원하는 학과에서 공부하는 행운을 거머쥐었고, 바랐던 회사에서 일하는 기회를 얻었으며, 이혼으로 마무리한 결혼이지만 당시에 사랑하던 사람과 의지대로 결혼을 선택했다. 대부분의 사람들은 나를 존중하고 신뢰했으며, 인간관계도 대체로 원만한 편이었다. 여러 상황에서 사람들을 설득해 원하는 방향으로 이끌어 가기도 수월한 편이었다.

평탄하게, 별다른 문제 없이 어쩌면 타인이 부러워할 만한 인생을 살면서도 나는 늘 부족하고 맞지 않는 옷을 입고 있는 것만 같았다. 겉으로는 모자람 없이 당당하게 잘 사는 듯 보이고, 주어진 역할도 무리 없이 잘 수행하는 편이었지만, 나라는 사람에 대한 자신감이 거의 없었다. 아무리 좋은 일이 벌어지고 대단한 성취를 하더라도 행복한 감정을 느끼는 순간은 너무 짧았다. 내 온전한 노력을 스스로 제대로 인정하지 않고 심지어 깎아내렸으며, 나 자신이 늘 부족하게만 느껴졌다.

나는 전형적인 자존감은 낮고 완벽주의 성향의 사람이었다. 누려야 할 행복을 제대로 즐기지 못하고, 익숙한 불행을 자처해서 거북한 감정을 감내하는 것이 더 편한 사람이었다.

어른답게 독립적으로 인생을 살아가는 데 불편감과 죄책감을 느끼고, 분명히 살고 싶은 대로 사는데 결코 만족스럽지 못했다. 이것이 부모로부터 허구의 독립을 했기 때문이라고 즉, 부모에게 정서적으로 벗어나지 못했기 때문이라고 알게 된 건 오래 되지 않는다.

부모님께 무한한 사랑을 받은 줄 알았는데, 실은 우리 부모님은 좋은 사람이라고 믿고 싶은 어린 내가 만들어 낸 상상의 산물이었다. 사실 어린 시절 부모님께 칭찬이나 감정적 지지를 받은 적이 거의 없다. 엄마는 표정이 없고 무슨 이유인지 늘 힘들어 보였다. 엄마는 활짝 웃어도 행복해 보이지 않고 늘 어딘가 슬퍼 보였다. 내가 마음대로 살아도 내 마음대로 사는 것처럼 느끼지 않듯이, 엄마는 웃어도 웃는 게 아닌 사람이었다. 돌이켜보면 엄마는 아마도 이때 우울증을 앓았던 것 같다.

내가 무엇을 하더라도, 아무리 잘하더라도 주양육자인 엄마의 반응은 대체로 시큰둥하거나 모호하기만 했다. 자식의 시험 전날에도 배려 없이 만취해서 난동을 부리는 아버지의 무관심은 더 말할 필요도 없고. 허공에서 이내 흩어지는 연기처럼 사실 부모님의 분명한 기대란 애초에 존재하지 않았다. 그들은 자신들의 삶도 버거워서 자기 자신이 무엇을 원하는지도 명확히 알지 못하고, 자식들에게 제대로 관심을 기울이고 사랑을 베풀 마음의 여유가 없었던 사람들이니까.

의존적이고 애정결핍이 심한 부모님은 애당초 무슨 짓을 하더라도 만족시킬 수 없는 사람들이었다. 이런 환경에서 부모의 인정과 사랑이 고파서 더 부모의 눈치를 보고 기대에 맞춰 그들을 만족시키고자 살아왔다. 부모의 인정을 제대로 받지 못한 좌절감이 익숙했다. 그래서 이제는 성인으로서 하고 싶은 대로 살면서도 늘 불안하고 자신감이 없었던 것 같다. 잘하고 있는데도 만족하지 못하고 항상 의심하고 자기 확신을 하지 못하고, 부모를 향한 죄책감과 불편감을 안고 살았던 것 같다.

2. "지금껏 나 자신이 부모의 자랑이라고 생각했는데, 이제는 내가 부모의 짐이 될까 봐 두렵다."

불과 1년 전, 이혼했을 때 한 생각이었다. 내가 얼마나 사회적 시선과 부모님의 체면을 고려하며, 그들의 기대를 충족시키고자 살아왔는지 이 짧은 한마디에 고스란히 드러나 있다. 이혼 당사자로서 누구보다 고통스러운 가운데 이혼의 낙인을 짊어지고 앞으로 혼자 살아갈 나 자신보다 부모님께 짐스러운 존재가 될까 봐 부모를 더 염려하고 있었다. 보수적이고 완고한 부모님께 딸의 이혼은 실망스러운 일이고, 그들의 인생에 흠집을 낸다고까지 생각했던 것 같다. 이처럼 나는 내 욕구보다 부모의 욕구를 우선시하고, 그들이 은연중에 내비치는 기대에 부응하는 자랑스러운 딸, 완벽한 딸이 되고자 사는 데 익숙했다.

3. "나는 엄마 인생의 전부야. 엄마는 나 없으면 못 살아. 내가 무너지면 우리 엄마도 무너져내려. 제발, 내가 완전히 무너지게 하지는 말아 줘. 제발 부탁이야. 내가 이렇게 무릎 꿇고 빌게. 나를

더 이상 함부로 대하지 말아 줘. 나 완전히 무너지기 직전이란 말이야. 나도 내가 무슨 말을 하고 행동을 할지 예측할 수가 없어. 그 정도로 제정신이 아니라고."

이혼 과정에서 전남편의 억지가 극에 달했을 때 절박한 심정에서 튀어나온 무의식을 반영한 진심이었다. 이제는 우리 부모님마저 수모를 겪을지도 모른다는 두려움이 엄습하자 내가 먼저 이혼을 요구해도 모자란 상황에서 후안무치한 전남편에게 매달리는 것이 당시에 할 수 있는 최선이었다.

"나는 엄마 인생의 전부야. 엄마는 나 없으면 못 살아. 내가 무너지면 우리 엄마도 무너져내려"라니. 엄마와 나를 전혀 분리하지 않고 마치 한 사람처럼 완전히 동일시하고 있었다. 대체 엄마의 강력한 집착과 의존, 통제와 지배 욕구를 어떻게 그동안 수긍하고 견뎠을까.

엄마의 가장 강력한 무기는 연약하고 안쓰러운 모습이다. 무언가 자신의 마음에 들지 않으면 뾰로통한 얼굴로 측은지심을 자아낸다. 상대방은 결국 안쓰럽고 불쌍해서 엄마가 원하는 대로 행동하게 된다. 아이들이 본능적으로 자신의 연약함을 이용해 마음 약한 어른에게 원하는 것을 영악하게 얻어내는 심리와 똑같다.

엄마는 지금도 자식이 조금이라도 자신의 생각과 어긋나면 어쩔 줄 모르고, 갈등이 생기면 분을 삭이지 못하고 어린아이처럼 울어버린다. 너무나 예민하고 자기중심적이라 상대방을 순식간에 곤란한 상황에 처하게 해서 무슨 말을 하기가 겁이 난다. 같이 있는 사람을 나쁜 사람으로 만들어버리는 세상 착한 사람이라, 요구를 들어주지 않으면 마음이 불편해서 결국, 복종할 수밖에 없다. 아이였던 내가 오히려 더 아이 같은 엄마를 정서적으로 평생 보살피고 이해하고 무한한 사랑을 베풀며 사는 데 익숙했구나 싶다.

엄마는 최근 가벼운 우울증을 진단받았다고 했다. 약을 먹으니까 불안감이 줄고 마음이 편해져서 좋다고 했다. 그런데 처방받은 약 복용을 의사와 상의 없이 자의로 중단했다고 했다. 딸(내 동생)은 조울증으로 고통받는데, 자기 혼자 마음이 편해지는 것을 원치 않는다고 했다. 마음이 편안해지는 것이 불편해서 약을 거부하고 자식의 고통 속에 같이 놓여있길 바라다니. 엄마의 자식을 향한 강력한 집착에 소름이 끼치고, 엄마가 미쳤다고 생각했다.

이 정도로 자신과 자식을 분리하지 못하고, '엄마'와 '사랑', '희생'과 '헌신'이라는 미명으로 자기 인생은 내팽개치고 평생 온 신경이 자식들의 일거수일투족에 가 있으니 자식들이 제대로 독립하지 못하고 다 커서도 '나는 엄마 인생의 전부야. 엄마는 나 없으면 못 살아.'라고 생각할 수밖에. 자식에게 끝없는 부담감과 죄책감을 심어서 정상적인 자립심을 짓밟고 정신을 좀먹어 서서히 병들게 하는 엄마는… 소름 끼치게 무서운 사람이다.

"엄마니까 괜찮아"라는 인에이블링의 무서움

　　엄마의 말과 행동은 억울하거나 불편한 감정이 들면 자신의 입장과 상황을 자식에게 투사해 '자식 탓'을 하며 감정과 책임을 전가하고 죄책감을 불러일으켜 통제하려는 가스라이팅에 해당하는 면도 있지만, 엄밀하게는 '인에이블링(enabling)'에 더 가깝다.

　　인에이블링[3]은 한국어로 '조장(助長)'이라고 해석하고, 인에이블링을 하는 사람을 인에이블러(enabler) 즉, 조장자라고 한다. 인에이블러는 사랑한다면서 되레 상대방을 자신에게 지나치게 의존하도

---

3) 이 글의 인에이블링에 관한 전반적인 설명은 다음의 자료를 참고했습니다.
- 위키피디아 '인에이블링' 항목
- 우석대학교 심리학과 김태경 교수 유튜브 강의 https://youtu.be/r_1HrdSmkyQ
- 앤절린 밀러, 이미애 옮김, 『나는 내가 좋은 엄마인 줄 알았습니다』, 윌북, 2020.01

부모님과 헤어지는 중입니다

록 망치는 사람이다. 겉보기에는 헌신하고 희생하는 착하고 좋은 사람 같지만, 도움이 필요 없는 사람에게 도움과 돌봄을 제공하며 상대방이 스스로 해내는 기쁨을 누릴 기회를 박탈하고, 독립심을 저해한다. 사랑한다면서 상대방을 자존감이 낮고 무책임하며 무기력한 사람으로 만들고 방치한다.

지금까지 쓴 글 가운데 엄마의 인에이블링을 묘사한 주요 표현들을 모으면 다음과 같다.

- 엄마는 선량하고 좋은 사람이다. 성격은 유순하고 말수는 적고 타인에게 잘 맞추는 편이라서 어지간한 사람이라면 좋아하지 않을 수 없다.
- 엄마는 누군가에게 진심으로 관심이 있거나 좋아해서가 아니라 자기만족을 위해서 애정을 '베풀고', 정신적으로 '지배할' 대상을 끊임없이 갈구하고 있었다. 엄마에게 애정할 대상이란, 일종의 도구나 마찬가지라 그 대상이 어떤 사람인지는 크게 중요하지 않을 것이다. 엄마에게 사랑이란 주고받는 것이 아니라 불쌍하고 안쓰러운 대상에게 시혜적으로 베푸는 것에 가깝다.
- 엄마의 진심은 자식들이 영원히 자신에게 의존하는 어린아이 같은 존재로 남아있기를 바랐다. 성인이 된 자식에게 어린아이에게 하듯이 강한 애착을 나타내는 엄마는 자식들의 독립을 지

연시키고 무기력감을 불러일으켰다. 그런데 엄마는 이것이 엄마로서의 역할이자 의무이고 사랑이라고 굳게 믿었다.

- 자신과 자식을 분리하지 못하고, '엄마'와 '사랑', '희생'과 '헌신'이라는 미명으로 자기 인생은 내팽개치고 평생 온 신경이 자식들의 일거수일투족에 가 있으니, 자식들이 제대로 독립하지 못하고 다 커서도 '나는 엄마 인생의 전부야. 엄마는 나 없으면 못 살아'라고 생각할 수밖에. 엄마는 자식에게 끝없는 부담감과 죄책감을 심어서 정상적인 자립심을 짓밟고 정신을 좀먹어 서서히 병들게 하는 무서운 사람이다.

인에이블러는 헌신의 탈을 쓴 가스라이터와 비슷하지만, 가스라이팅과는 달리 '관계'에 집착한다. 자신의 이익을 위해 상대방을 교묘하게 조종해 착취하는 가스라이터와 달리 인에이블러는 오히려 상대방을 위한 헌신적이고 선한 마음이 가득하다. 그래서 엄마의 인에이블링을 눈치채거나 파악하기도 어려웠고, 엄마의 선한 의도를 거부하는 죄책감이 필연적으로 따라서 쉽게 빠져나올 수도 없었다.

인에이블러는 내면 깊숙이 버려지는 것에 두려움이 자리 잡고 있다. '상대방이 나를 떠나면 어떡하지'라는 불안감 때문에 과도하게 상대방의 비위를 맞추려고 한다. 그런데 정작 상대방이 요청하지 않은 도움을 제공해 난감하거나 눈치가 없다는 인상을 받기도 하는데,

본인은 아랑곳없이 '나는 괜찮고 쓸모있는 사람이야'라며 일방적으로 베푸는 행위에서 자신의 존재 가치를 느끼고, 사람들에게 '좋은 사람', '착한 사람'이라는 평판을 얻으려고 한다.

엄마의 음식이라고 하면 사랑, 따뜻함, 헌신을 떠올리기 마련인데, 강력한 인에이블러 엄마를 둔 내 경우 안타깝게도 가슴이 갑갑하고 마치 숨 막히는 것 같은 신체 증상이 나타난다. 사소한 일화를 하나 들자면 대학생 때 엄마와 식사를 하다가 우연히 마파두부가 먹고 싶다는 얘기를 한 적이 있다. 며칠 뒤 시간이 빠듯하게 막 학교를 가려고 하는데, 점심시간 즈음 식탁에 엄마는 직접 요리한 마파두부를 차려 놓았다. 식탁에는 오로지 나 한 사람을 위한 완벽한 식사 준비를 마친 상태였다. 내가 그날 마파두부를 먹고 학교에 갔는지 아닌지는 기억이 나지 않지만, 만일 먹었다고 하더라도 시간이 없어서 대충 먹는 시늉만 했을 것 같다.

대학생이 된 뒤로는 친구들, 선후배들과 식사 약속이 많기도 했고, 수업과 과제 등의 일정에 따라서 학교에서 끼니를 해결하는 편이 더 나았다. 자식에게 건강한 먹거리를 제공하고 싶은 엄마의 마음은 이해하지만, 마파두부 일화처럼 엄마 자신이 정한 식사 시간에 일방적으로 내 것까지 식사를 준비하고 나는 먹지 않는 상황이 반복되자 어느 순간 고맙기보다 짜증이 났다. 반찬도 대체로 내가 선호하는 종류로 차려졌는데, 나를 생각하는 마음과 음식을 준비한 정성에 제대로 응답하지 못하는 미안함과 죄책감이 점점 나를 옥죄었다. 누군가에게 말하면 '엄마가 안 차려줘서 못 먹지. 차려만 준다면 신나서 백 번이라도 먹겠다'라며 별것 아닌 일에 예민하게 트집 잡고, 감사함도 모르는 불효자식으로 치부할까 봐 두려웠다.

엄마에게 사정을 말하지 않은 것도 아니었다. "학교에서 먹는 편이 낫다", "필요하면 말씀드릴 테니 그때 차려 주시면 된다", "식사 시간이 일정치 않으니 내 식사는 신경 쓰지 않으셔도 된다" 등등 여러 차례 말씀을 드렸다. 그럴 때마다 엄마는 "나도 아는데 행동이 잘 변하지 않는다"라며 머쓱한 표정으로 계속 같은 상황을 반복했다. 아는 데도 마음처럼 안된다고 하니 더 이상은 어쩔 도리가 없었다. 언젠가부터는 엄마의 수고로움을 염려하기를 그만두었고, 급기야는 마음이 너무 불편해서 한동안 집에서 식사하는 자체를 꺼릴 정도였다. 집에서 식사를 아예 하지 않는 특단의 조치를 하지 않으면, 엄마의 불필요한 친절을 도저히 억제할 수 없다고 판단했기 때문이다.

착하고 잘해주는데 유독 불편한 사람이 있지 않은가. 엄마가 바로 전형적인 그런 사람이다. 하지 않아도 되는 행동을 하거나 선행을 베풀어서 상대방에게 부담감을 주고 죄책감을 심는 것은 인에이블러의 가장 대표적인 특징이다. 남에게 잘해주고 욕먹는 사람이나, 착한데 주변에 괜찮은 친구가 없는 사람은 인에이블러일 확률이 높으니 거리를 두고 지켜볼 필요가 있다.

인에이블러는 우리 가족처럼 알코올 중독자가 있거나 도박중독, 가정폭력 등 문제가 있는 가정에서 대를 이어 만들어질 가능성이 높다. 가족 내에 심각한 문제가 있는데도 불구하고 역기능적으로나마 가정을 유지하려면, 가족 구성원 가운데 절대적으로 헌신할 누군가가 필요하다. 사회에서 기대하는 성역할 때문에 사회 통념상 아무래도 가장 유력한 인에이블러 후보는 '어머니'이다. 만일, 가족을 돌보지 않는 데 많은 죄책감을 느낀다면, 내가 바로 인에이블러일 수도 있다.

"아버지가 힘들게 일을 하시고, 그 스트레스를 해소하는 유일한 방법이자 낙은 술이다. 아버지는 자신이 힘들게 일하는 만큼 즉, 가족을 위해서 희생하는 만큼 자신이 주정하는 모습을 가족들이 이해해야 한다고 믿는다. 엄마는 어쩔 도리가 없고(엄마도 아빠를 바꿀 수는 없고), 그러니 우리가 아버지를 이해해야 한다."

도저히 납득할 수 없었던 엄마의 이 말은 언뜻 알코올 중독 아버지를 이해하고 위하는 것 같다. 하지만 다른 각도에서 보면 알코올 중독 행위를 방치하는 것을 넘어서 조장하고 지지하고 있다. 거칠게 표현하면 (물론, 어린 자식들을 고려한 점이 가장 컸겠지만) 남편을 계속 술독에 빠져 살게 하고, 그 덕분에 일을 하고 돈을 벌도록 해서 엄마는 자신의 생계를 해결했다고 할 수 있다. 자신이 직접 돈을 버는 고생을 하는 것보다 남편의 술주정을 견디는 편이 자신의 생존을 위해서 낫다고 판단했기 때문에 남편의 알코올 중독을 계속 방치하고 조장했다고 할 수 있다.

인에이블링에는 공의존(codependency)이라는 개념이 성립하는데, 이는 한 사람이 다른 사람의 약물중독, 알코올 의존증, 도박중독, 정신건강 저해, 미성숙, 무책임함, 성취 저하를 지지하거나 조장해 자신의 정서적 욕구를 채우려는 이상조력관계를 말한다. 즉, 엄마는 인에이블러이자 알코올 의존증 아빠의 공의존자(codenendent)이다.

알코올 의존증 아빠와 결혼해서 한평생 고생한 엄마가 안쓰럽고 안 돼 보였는데, 어쩌면 엄마는 어른이라서 아빠의 술주정이 어린 자식들보다 여러 면에서 견딜 만했구나 싶다. 같은 공포 상황을 아이들은 어른보다 훨씬 크고 위협적으로 느끼니까. 게다가 우리 삼남매는 아버지의 술주정에 그대로 노출돼 방치됐지만, 엄마는 그때마다 방문 닫고 들어가서 드러누우면 그만이었다. 두려웠고 상처받은 우리 삼 남매의 마음은 아무도 보살펴주지 않았지만, 다음날 아빠는 엄마에게 사과하며 화가 난 엄마의 마음을 헤아리려고 무진장 노력했다. 아빠가 알코올 중독자라는 사실은 변함없지만, 같은 상황에서 엄마와 나는 전혀 다른 경험을 했다. 이것이 아빠를 바라보는 엄마와 나의 좁힐 수 없는 입장 차이인가 싶다.

생각이 여기에 미치자 더 이상 엄마가 안쓰럽거나 불쌍하다는 마음이 들지 않는다. 엄마는 그저 자신의 생존 본능에 충실해 이에 가장 유리하고 손쉬울 것 같은 선택을 한 이기적 유전자를 보유한 사람이고, 자녀를 안전하게 보호하고 자립심을 기르도록 동기 부여하는 부모 본연의 역할은 제대로 하지 못한 부모 자격 미달인 사람이라는 생각밖에 들지 않는다.

엄마는 "엄마니까 괜찮아"라는 말을 자주 했는데, 이 말이 의지가 되거나 든든하기보다 늘 뭔가 애매하고 불편했다. 특히, 내가 큰 좌절이나 실패, 상실을 겪어서 너무 힘이 들 때 "엄마니까 괜찮아. 하고 싶은 말을 다 해도 돼"라며 약해진 마음을 기막히게 파고들었다. 마치 어렸을 때 친구끼리 비밀 얘기를 공유하며 돈독한 우정을 다지는 것처럼, 엄마는 내 속마음을 들여다보는 것으로 나와의 친밀감을 강화하는 것 같았다. 처음에 몇 번은 감정이 해소되는 것 같았지만, 엄마와의 대화를 거듭할수록 '내가 왜 이런 얘기까지 하고 있지?' 싶었다. 부모-자식이라도 자기 혼자만 간직하는 감정과 생각이 있고, 자식이 성인이 되면 더욱 부모가 알지 못하는 자신만의 세계와 사생활이 있기 마련이다. 그런데 엄마와 대화의 물꼬를 한번 트자 어느 순간 이 경계는 희미해졌고, 정서적으로 엄마에게 기대는 마음은 자꾸 커졌다. "엄마니까 괜찮아. 무슨 이야기든지 다 털어놓아도 돼"라는 짐짓 나를 위하는 것 같은 말로 엄마는 내가 속마음을 더 드러내며 자신에게 더욱 의존하도록 부추겼다. 이 같은 의존적인 관계로 엄마 자신의 정서적 공허함을 메꾸려고 했다. 언제든 기꺼이 내 이야기를 들어주는 고마운 엄마의 존재는 실은 마치 마약과 같아서 불안한 마음을 일시적으로 진정하는 효과는 있었지만, 그뿐이었다. 엄마에게 정서적으로 의존할수록 오히려 문제의 근본 원인에 접근하지 못하고 방치하며, 문제 해결은 요원했고 나는 갈수록 무기력해졌다.

사랑한다면서 상대방을 자신에게 지나치게 의존하도록 해서 망치는 전형적인 인에이블러인 엄마를 벗어나는 데는 굳은 의지가 필요했다. 뒤에서 구체적으로 나올 일화인데, 엄마는 지금까지 믿었던 것과 달리 내가 힘들 때 궁극적인 힘이 돼 줄 수 있는 사람이 아니라고 깨닫는 충격과 배신을 느낀 계기가 있었다. 그런데 엄마와의 관계가 정말 마약 같았던 게 이혼 뒤 막상 견딜 수 없는 외로움이 엄습하자 익숙한 습관대로 엄마에게 전화하고 싶은 욕구가 솟구쳤다. 마치 관계에 중독된 것처럼 엄마에게 전화해서 내 마음을 털어놓지 않으면 안 될 것만 같은, 죄책감도 아니고 의무감도 아닌 희한한 감정에 몸과 마음이 붕 뜬 것처럼 느껴졌다. 사실 엄마에게 내 모든 감정을 말해야 하는 것도 아닌데 손이 자꾸 스마트폰으로 가고 정신은 어지럽고, 손바닥에서는 식은땀이 나는데 몸은 또 한기가 들어 덜덜 떨렸다. 이때 비로소 불행한 결혼생활을 꾸역꾸역 유지하며 정서적으로 너무 지쳤던 최근 몇 년 동안 내가 엄마에게 얼마나 의존했는지 깨달았다. 엄마와의 관계는 혼자 처리할 수 있는(처리해야 하는) 감정을 제대로 다루지 못하고 방치하도록 해 독립심을 저해하는 치명적인 독이었다.

엄마에게 정서적으로 의존하고 싶었던 즉, 전화를 해서 내 감정을 마구 털어놓고 싶었던 위기의 순간을 몇 번 버티자, 비슷한 감정이 들어도 더 이상 엄마에게 전화하고 싶다는 마음이 들지 않았다. 비로소 외로움이나 불안감, 우울감 같은 감정을 혼자서 어떻게 다뤄야 하는지 조금씩 터득할 수 있었다. 엄마를 향한 비정상적인 의존 욕구는 점차 사그라들고, 오히려 엄마에게 기댔을 때는 느낄 수 없었던 진정한 심리적 안정을 되찾을 수 있었다. 엄마는 일종의 감정 쓰레기통을 자처한 셈인데, 남들은 벗어나고 싶어 하는 역할에서 되려 정서적 결핍을 채우고 안정감을 느낀다는 것은 결코 건강한 심리 상태라고 할 수 없다. 엄마가 줄기차게 강조하던 "엄마니까 괜찮아" 이 말은 이제는 너무 두렵고 소름 끼치는 말이다.

한편, 나야말로 엄마의 의존성을 강화하고 조장한 또 다른 인에이블러는 아니었을까. 내가 엄마에게 심리적으로 의존할수록 엄마는 정서적 결핍을 채우는 관계였으니, 내 존재가 도리어 엄마가 알코올 의존증 아빠를 좀 더 견디게 하는 역할을 했던 것 같다. 어렸을 때 부모의 보호를 받으며 사는 건 당연하지만, 어쩌면 그 시기 별다른 말썽 한 번 부리지 않은 착하고 성실하고 순응적인 우리 삼 남매 덕분에 엄마는 그 불행한 시기를 버틴 건 아닌가 싶다. 그래서 엄마는 문제의 본질을 해결하기보다 방치하고 점점 무기력에 빠져든 건 아닌가 싶다.

힘든 시기에 맺은 인간관계는 더욱 애틋하고 존재감이 크지만, 달리 말하면 서로 의존할 만큼 고통스러운 일이 있어야만 성립하는 관계라는 의미이기도 하다. 즉, 불행에서 벗어나면 더 이상 가치를 발휘할 수 없는 관계인 셈이다. 이러한 인간관계는 일시적일 수는 있지만, 한 사람의 상황이 불행에서 행복으로 변한 만큼 다른 사람의 상황도 변하지 않으면 지속되기는 어렵다. 그런데 나는 어린 시절 불행한 환경에서 엄마와 형성한 건강하지 못한 의존적인 관계를 성인이 된 지금까지도 애써 끌어왔던 것 같다. 이제는 나 자신도 변하고, 주변 환경도 변했는데 가족 관계에서는 유독 고통스러웠던 과거에 머물렀던 것 같다. 인에이블러인 엄마가 변하지 않는 한, 엄마와 나는 최대한 떨어져야 지독한 의존성에서 벗어나 그나마 조금씩 독립성을 키우며 제대로 살아갈 수 있는 그런 관계였는데 말이다.

아빠는 알코올 중독자

저는 알코올 중독 아버지를 둔 딸입니다

엄마의 생일, 드디어 가족들을 만나는구나 싶어서 마음이 은근히 들떴다. 이혼 절차를 진행하면서 처음으로 가족들을 만나는 날이었다. 가족의 따뜻한 위로와 아늑하고 포근한 집, 그들의 넉넉한 품이 그리웠다. 연말까지 완료하기로 계약한 일만 아니었다면 집으로 진작 달려갔을 텐데…. 할 수만 있었다면 안면몰수하고 업무 계약을 파기했을 것이다. 하지만 계약을 물리기에는 일이 마무리 단계에 접어들어서 대체자를 찾기에는 늦은 감이 있었다. 정신적으로 완전히 소진되기 직전인데, 이를 악물고 하루를 버티는 것이 최선인 날들이었다.

집에 도착하자 예상과 달리 집안 분위기는 차분하고 왠지 모를 불편한 공기가 감돌았다. 일단, 동생은 아파서 같이 식사를 하거나 생일 축하를 할 수 없고, 자기 방에서 쉬어야 할 것 같다고 했다. 아마도 동생은 자신을 씻을 수 없는 양가적 감정의 정신적 고통으로 몰아넣은 사람(부모님)을 향한 어지러운 감정 때문에 아프다는 핑계로 축하 자리를 모면했을 것이다.

침울한 분위기에서 아빠만 유일하게 신이 났다. 아파서 방에 누워 있는 자식은 아랑곳없이, 케이크에 초를 꽂고 생일 축하 노래를 부르는 의식을 반드시 거행해야 한다고 고집을 부렸다. 아내를 사랑하고 행복해하는 모습을 보고 싶었기 때문일까. 결코 아니다. 아빠는 예순 살이 훌쩍 넘도록 엄마의 생일을 한 번도 신경 써서 챙긴 적이 없다. 올해 유난히 생일 의식에 집착한 이유는 바로, 난생처음 아내의 생일 케이크를 자신이 직접 사 왔기 때문이다. 이러한 행동을 과시하고 칭찬받고 싶었기 때문이다. 그러나 아빠의 생떼에도 불구하고 결국, 촛불 의식은 건너뛰기로 했다.

부모님 댁에 와서 정신적으로 피로한 감정적 고비를 여러 번 넘기고 마침내 하루를 마무리 짓는구나 싶었다. 엄마, 아빠와 셋이 이불 하나를 공유하고 거실에 나란히 쪼르륵 앉아서 엄마가 좋아하는 일일드라마를 보고 있었다. 이제야 엄마와 두런두런 이런저런 이야기를 나누는데, 아빠가 계속 불쑥 끼어들어 대화의 흐름을 끊어 놓았다.

"엄마, 그래서 병원이 어디라고?"

"동대문에 K 병원…."

엄마가 말을 끝마치기도 전에 아빠는 엄마의 말을 가로챘다.

"K 병원은 김 아무개 교수가 최고지, 아무렴. 나랑 같이 일하는 장 씨도 거기서 수술받았는데, 수술이 아주 잘 됐어. 그 수술이 어떤 수술이냐면, 아주 어려운 수술은 아니지만 그렇다고 쉬운 수술도 아니야. 나름은 결심이 필요한데 장 씨가 아주 큰 결정을 했지. 김 아무개 교수는 그 분야만 전문가가 아니라 여러 분야의 전문가인 사람이야. ……."

아빠는 맥락에 상관없이 아는 단어가 나오면 자신이 아는 모든 지식을 끝없이 늘어놓았다. 아빠가 말을 끝마치기를 기다렸다가 다시 엄마에게 물었다.

"엄마, 그래서 K 병원 어느 과 진료를 받는 건데?"

"신경과인데…."

아빠는 또 엄마 말을 가로챘다.

"너희 엄마는 신경과의 유 아무개 교수에게 진료를 받는데, TV에도 여러 번 출연한 사람이야. 유명한 명의이지, 아무렴. 내가 다쳤을 때 수술해 준 강남의 S 병원 교수님도 명의 중에 명의이지. 실력이 얼마나 출중한지 내 평생 은인이라고. 그분도 TV에 자주 출연했어. ……."

아빠의 끝도 없는 방해 때문에 엄마와는 대화를 한마디도 이어갈 수 없었다.

"아빠, 이제 좀 그만하면 안 될까? 집에 와서 지금까지 세 시간 내내 아빠가 하는 말을 계속 들어드렸잖아. 수긍하고 인정해 드렸잖아. 나도 엄마와 얘기 좀 하고 싶어. 내 얘기도 좀 하고 싶고. 그리고 TV에 나온다고 다 명의 아니야. 방송을 잘하고 방송에 적합하니까 출연하는 사람들도 많아. TV만 믿지 말고 꼼꼼히 잘 알아봐야 해."

"아니야. 유명하고 잘하니까 TV에 나오겠지. 믿을 만하니까 TV에 나오겠지. 괜히 나오겠어? 아빠 수술해 준 강남 S 병원 교수님도 TV에 자주 출연한다니까."

중언부언 억지 부리는 술 취한 사람과 정상적인 대화가 가능할 리가 없는데…. 처음 겪는 이혼이라는 상처가 너무 커서 평소 살가운 관계도 아니었는데, 가족이라는 울타리에 기대서 무한한 위로를 받고 싶었던 것 같다. 기대가 컸던 만큼 실망이 큰 나머지 머리끝까지 차오른 분노감이 억누를 새 없이 폭발하고 말았다. 나는 잔뜩 흥분해서 술주정뱅이 아빠에게 난생처음 화난 감정을 있는 그대로 터뜨렸다.

"아니라고! TV에 나온다고 다 실력 있는 의사는 아니라고. 꼼꼼하게 잘 알아봐야 한다고. 아빠 딸이 그래도 대학에서 미디어 전공하고, 대학병원 홍보팀에서 일한 사람인데 누구보다 그쪽 생리를 잘 알고 있지. 내 전문성이나 말은 왜 한마디도 인정하지 않는 건데! 인정해야 할 때는 억지 부리지 말고 좀 인정할 수 없는 거야?"

"그리고 나도 말 좀 하면 안 돼? 집에 와서 지금까지 아빠 말을 계속 들어줬잖아. 다른 때보다도 더 잘 귀 기울이고 반응하려고 노력했다고 생각하는데, 아니야? 나 지금 너무 힘들다고. 그래서 위로받고 싶고, 공감받고 싶어서 집에 왔다고. 내가 뭐 큰 거 바랐어? 그냥 내 얘기, 내 감정, 내 억울함, 이것들을 좀 들어 달라고 왔는데…. 돈 드는 일도 아니고, 이게 그렇게 힘든 일이야? 나는 이제 남편도 없고 아무도 없다고. 갑자기 벌어진 상황에 막막하고 앞으로 어떻게 살아야 할지도 모르겠다고. 그냥 몇 시간 가만히 내가 하는 말에 귀를 기울여줄 수는 없는 거야? 없는 거냐고?"

한참을 눈물로 호소하고 감정을 터뜨리다가 씁쓸하게 자러 방으로 들어왔다. 답답한 마음을 진정시키고 일단은 잠자리에 들려고 하는데, 옷가지를 챙기러 뒤이어 방으로 들어온 엄마는 무미건조하게 이 한마디를 남기고 거실로 나가버렸다.

"너 그래도 아버지한테 그러는 거 아니야."

1차전에서 끝났으면 좋았으련만. 딸이 이혼이라는 극한의 상황에 몰렸을 때마저 끝끝내 술에 취한 남편을 편들고, 딸에게 책임을 돌리는 엄마의 이 한마디는 가슴에 비수로 날아와 꽂혔다. 엄마의 느닷없는 공격에 멍한 것도 잠시, 갑자기 굵은 눈물방울이 뚝, 뚝 떨어졌다.

'아… 나는 결국 또 한 번 엄마에게 버림받았구나. 내가 어떤 상황이든, 아빠가 어떤 상태이든 엄마는 무조건 아빠 편이구나. 나는 늘 부족하고 나쁜 자식이 될 수밖에 없구나.'

내가 대체 왜 그랬을까. 다른 것도 아니고 엄마 건강이 걱정되어서 그 이야기를 나누고 싶었던 건데. 나에게 하나도 득이 될 것 없는 이런 상황을 왜 반복하고 있을까. 대체 왜 이 집에 와서 굳이 악은 악대로 쓰고 욕은 욕대로 먹고 있을까. 불편하고 억울한 감정을 감내하고 있을까. 누구 좋으라고…. 이런 서러움도 지겹다, 정말. 이제는 그만하고 싶다.

복잡한 심정으로 누워서 자려는데 거실에서 "어휴", "어휴" 하는 아빠의 한숨과 신세를 한탄하는 소리가 벽을 뚫고 귓전에 들려왔다. 나도 모르게 신경은 긴장되고 온몸이 잔뜩 경직되었다. 어렸을 때 술 취한 아빠가 거실에서 내는 소리가 방으로 들려올 때 몸에서 일어나던 반응이었다. 20년이 지났는데도 '저 사람은 꼴도 보기 싫다. 마주치지 않도록 화장실 갈 일이 없었으면 좋겠다'는 마음이 들었다. 그 사람의 음성이 들리지 않도록 귀에는 이어폰을 꽂고 음악을 틀었는데, 이러고 있는 내 모습이 처량하고 안쓰러워 눈물이 하염없이 흘러내렸다.

20년이 지났는데 저 사람은, 엄마는, 우리 집은 하나도 변하지 않았구나. 잊고 살았던 20년 전 중고등학생 때의 악몽들이 전부 되살아나고 말았다. 거실에서 들려오는 괴성을 들으며 두려움과 긴장감, 억울함을 달래려 방에서 눈물을 훔치던 열여섯 살의 내 모습이 겹쳐 보였다. 이날 나는 어렸을 때처럼 소리 내지 못하고 끄윽 끄윽 눈물을 속으로 삼키며 지칠 때까지 울다가 겨우 잠들었다. 이제 악몽은 다 끝났다고 믿었는데, 변한 것은 아무것도 없었다.

명절 식사를 거부하는 자식들

　지난 설날도 엄마 생신만큼이나 집안 분위기는 기묘했다.

　우리 집은 큰집이고 아버지가 장남이라서 명절에는 친척과 손님들로 북적이곤 했다. 50대 때 돌아가신 할아버지를 대신해서 일찍이 아버지가 차례와 제사를 주관했고, 할아버지의 형제들인 작은할아버지와 그 자식들인 오촌 당숙들, 그리고 그 자식들까지 모이고는 했다. 같은 가부장제 시대를 살았어도 모두가 이런 종갓집 버금가는 분위기에서 명절을 보내지는 않는다고 알게 된 것은 그리 오래되지 않는다.

　지난 설에도 코로나는 한창이었다. 일가친척들이 모이지 않고, 각자 집에서 명절을 보내기로 했다는 연락을 받았다. 그럼, 우리 가족

Chapter 2 아빠는 알코올 중독자

끼리 오붓한 명절을 보낼 수 있겠네? 라는 기대감을 안고 본가를 방문했다. 가족끼리만 보내서 상차림을 간소하게 준비한다던 말과는 달리 평소 차례상과 별로 달라 보이지 않았다. 오히려 더 푸짐해졌는지 상다리가 부러질 지경이었다. 엄마는 도대체 이 음식을 어떻게 다 직접 준비한 거지? 이때부터 뭔가 분위기가 싸했다.

차례를 앞두고 남동생은 별안간 이해 불가한 선언을 했다.

"차례는 지내지만, 같이 떡국은 먹지 않겠습니다."

뜬금포를 날리고 차례를 지내고자 옷을 갈아입으러 다시 제 방으로 들어갔다. 그러고 보니 여동생이 보이지 않았는데, 우울증기인지 잠이 늘고 불면증에 시달려서 설날인데도 아침에 일어나지 못하는 모양이었다.

가짓수가 몇 개인지 다 헤아릴 수 없는 상찬을 늘어놓고 향을 켜서 준비를 마친 뒤, 경건한 차례 의식을 거행했다. 아버지와 남동생은 절을 올리고 술잔을 비우고 또 절을 올리기를 반복했다. 코로나 때문에 친척 없이 가족끼리 보내는 두 번째 설이었다. 지난번에는 처음으로 여자들도 같이 절을 했다고 들었는데, 이번에는 할머니와 엄마, 나는 다시 부엌에서 의식을 지켜보는 보조자 역할에 머물렀다.

차례 참석 인원은 1/4로 줄었는데 전혀 간소해지지 않은 차례상,

몇 날 며칠 실질적으로 음식을 준비한 엄마와 할머니는 뒷전에 물러나 있고, 차례상 준비에 0.001%도 기여하지 않은 남동생이 주역이 되는 기이한 풍경, 제사는 결코 소홀히 할 수 없다며 음식에 담긴 정성을 강조하는 아빠, 나이 들어 몸이 힘들다면서도 자신은 괜찮다며 아빠의 요구를 전부 따르고는 몇 날 며칠 몸이 아픈 엄마. 내 눈에는 그저 이 모든 것이 한 편의 기묘한 블랙코미디 같았다. 누구를 위한 차례인가. 무엇을 위한 의식인가. 이 연극에 등장하는 인물들은 자신이 하는 행동의 의미를 알고는 있을까.

사뭇 진지한 태도로 차례 의식을 거행하는 아빠를 바라보는데, 그가 왜 이렇게 제사에 집착하는지 알 것 같았다.

'아빠는 제사를 지내야만 우리 가족이 잘살 수 있다고 믿고 있구나. 조상님들이 보호하고 돌봐서 그나마 이만큼 살고 있다고 믿는 거구나. 근본적인 문제 원인은 회피하고 미신을 신봉하는 건 엄마와 똑같네. 이래서 둘이 부부인가 보네.'

아빠의 어리석음에 기가 차서 프흐흐흐 헛웃음이 터져 나오려는 것을 간신히 참았다.

우리 가족은 아빠가 술 먹고 난리 부리던 내가 십 대이던 시절에 이미 갈 데까지 간 관계였다. 지금 이 집안에서 심리상담이나 정신과 치료가 필요하지 않은 사람이 없으며, 한집에 살지만 신뢰하지 못하고 서로 탓만 하는 남보다 못한 사이가 우리 가족이다. 이미 최악인데 여기서 더 나빠질 게 어딨다고 조상님들께 사정하는 거야. 조상님들께서 그나마 살펴주셔서 온 가족이 이만큼 불행한 거라면 이 억울함은 어디에 호소해야 하는데. 백날 잘 되게 해달라고 기도만 하면 뭐 하는지. 정작 이 모든 불행의 근원인 아빠 본인이 앞으로 절대 변할 리가 없는데.

차례를 마치자마자 남동생은 선언한 대로 자기 방에 틀어박혔다. 널찍한 설날 아침상에는 아버지, 어머니, 할머니, 그리고 나 이렇게 네 사람만 덩그러니 남겨졌다. 상을 가득 채운 엄마가 손수 만든 음식들이 다 무색할 만큼 적막한 공기가 감돌았다. 식사 인원이 이렇게 소수인데도 엄마는 한자리에 앉아 제대로 식사에 집중하지 못했다. 이게 빠졌네, 저게 빠졌네, 혼잣말을 주저리주저리 내뱉으며 거실에 놓인 아침상과 부엌을 몇 번이나 오갔는지 모른다. 이것도 다 습관이다. 자발적 노예를 자처하는 오래 굳어진 습관. 지금도 엄마는 가족들 밥을 챙기려고 태어난 사람인가 싶을 만큼 삶의 목적이 가족들 밥을 향해 있다. 자신이 아무리 힘들어도 식구들 밥을 차려야 한다며 부엌으로 향하는 엄마를 보고 있으면, 밥 시계가 프로그래밍 된 기계인간이 아닐까 싶은 의심이 들 만큼 엄마는 밥에 집착적이다. 엄마가 자신을 희생해 챙겨주려는 행동들은 같이 있는 사람을 말할 수 없이 불편하게 한다. 이를 솔직하게 말하면 돌아올 대답은 뻔하다.

"엄마는 상관없는데. 엄마는 이게 편해. 엄마는 엄마니까 괜찮아."

엄마도 참 숨 막히게 변하지 않는 답답한 사람이다.

불편한 사람은 엄마만이 아니었다. "크아" 감탄사를 내뱉으며 아빠가 상 위에 술잔을 탁 내려놓자 나도 모르게 순간 "헛" 하고 숨이 멎는 것 같았다. 이거였구나. 동생들이 설날인데도 별다른 이유 없이 아침 떡국을 거르겠다고 한 이유를 알 것 같았다. 아마도 음복 한잔에 술 냄새를 풍기면서 설날 아침 반주를 포기하지 않을 아빠가 훤히 보였기 때문일 것이다. 여지없이 술에 취한 아빠와 한자리에 있기가 불편하고 싫어서일 것이다. 나는 독립해서 산 지 오래돼서 이 집에서 경험했던 아빠의 만행을 기억에서 자꾸 지우고 마는데, 동생들에게는 그 고통이 현재진행형일 수도 있다는 생각이 들었다. 지난 엄마 생신 때를 떠올려보면 아빠는 예전처럼 몸도 제대로 가누지 못할 만큼 취해서 고성을 지르고 험악한 말을 내뱉는 정도의 폭력성을 띠지는 않더라도 거의 항상 술에 취해 자신의 감정과 마음을 제대로 통제하지 못하고, 자식들이 학을 뗄 만큼 심각한 수준으로 고집과 억지를 부리고 있는지도 모르겠다는 예감이 들었다.

지난 엄마 생신 때도 사실, 아빠와 말다툼을 하고 속상해서 쓰러져 잠들 때까지도 아빠가 술 취한 상태였다고 알아채지 못했다. 다

읃날 엄마는 "아빠가 저녁식사 때 반주로 막걸리를 드셨는데, 한두 잔이라서 괜찮은 줄 알았다. 술 취하셨다고는 엄마도 미처 생각하지 못했다. 좀 더 눈치를 주고 말씀을 조절하도록 했어야 했는데, 그러지 못했다. 미안하다. 엄마가 대신 사과할게"라며 사과를 청했었다. 정작 알코올 의존자는 당당히 술만 잘 처먹고 술기운에 주변 사람들을 괴롭히면서도 부끄럼 한 점 내비치지 않는데, 대체 왜 같은 주변인인 엄마가 대신 사과를 건네는 건지, 이 코미디 같은 상황은 무엇인지 나는 도통 이해할 수 없었다. 나도 이제는 옳고 그름을 판단할 줄 아는 어른이건만, 일이 대체 어떻게 흘러가는지 알 수 없었다.

그토록 잊고 싶었던 알코올 의존증 아버지라는 버러지 같은 존재는 과거 시제인 줄 알았는데, 살아있는 현재 시제였다. '이제는 전부 괜찮다'라고 믿었던 착각과 달리 아버지는 20년, 30년이 지난 현재도 지옥 같던 그때와 어쩜 그리 한결같이 똑같을 수 있는지. 이런 짐승만도 못한 인간과 부녀관계를 맺고 있다는 거부하고 싶은 현실을 왜곡 없이 있는 그대로 받아들여야 한다. 이것 하나만은 알 것 같았다.

올해 설에는 동생이 내가 사는 집으로 오기로 했다. 연휴 마지막 날에는 나답게 살기를 바라는 이들을 위한 모임에 참석해 새로운 사람들을 사귈 예정이다. 도리와 관습이라는 명목에 발목 잡혀 긴장되고 경직되는 불행한 시간을 왜 그리 오랫동안 미련하게 견뎠을까. 아버지와 할머니를 제외한 우리 가족 그 누구도 행복하지 않은 명절과 가족 행사가 '나에게' 무슨 의미가 있을까. 명분과 의미에 충실한 전통과 관습은 지켜야 하지만, 이 모든 것을 왜곡해 산 사람이 억압받고 고통받는 전통과 관습을 과연 지켜야 할까.

술 취한 아버지를 견디라고, 자발적으로 명절 노동을 감내하는 엄마를 지켜보라고, 여전히 남자 상/여자 상을 따로 두는 시대착오적인 명절 풍경을 방관하라고 억압하고(받고) 강요하는(받는) 가족과 관습을 벗어나, 미약하지만 나만의 방식으로 살아가 보려고 한다. 더 이상 예정된 불행 속에 자발적으로 몸담고 싶지 않다. 올해 내 삶의 목표는 인내하고 잘 견디기가 아니라 태어나서 처음으로 '행복하기'로 정하고 욕심내기로 했으니까.

아버지는 그저 술을 많이 마시는 사람인 줄 알았다

동네 서점에 갔다. 책을 눕힌 평대를 어기적거리며 훑고 지나가는 한 남성이 눈에 들어왔다. 키는 170cm 전후, 나이는 50대 후반~60대 초반으로 보였다. 그는 허름한 차림을 하고 한 손에는 검은 봉지를 들고 있었는데, 술에 취했는지 걸음은 꼬였고 몸은 비틀거렸다. 제지할 만큼 난폭하거나 고성을 지르지는 않았지만, 주변에 들릴 만한 크기의 목소리로 "내가, 내가 공부만 했어도 스카이(서울대, 고려대, 연세대를 지칭)는 그냥 갔어. 아이 씨~" 신세 한탄을 내뱉었다. 술 냄새를 풍기며 제정신으로 보이지는 않았지만, 저녁인데도 눈부신 형광등이 반사돼 대낮처럼 환한 서점 안은 손님으로 북적거려서 그 사람을 위협적으로 느끼지는 않았다.

서점을 가득 메운 수많은 사람 가운데 왜 하필 그 취객에게 마음이 쏠렸을까. 아버지를 모르는 낯선 사람이 아버지를 밖에서 마주 친다면 이처럼 거북하고 불쾌하겠구나 싶었다. 가까이 가고 싶지 않고 혹시라도 잘못해서 엮일까 봐 두려운 마음. 매장 안을 서성이는 행동을 제지할 수는 없지만, 그 사람이 되도록 빨리 제 발로 이 실내를 떠나기를 바라는 마음. 외양과 말투까지 술 취한 아버지와 비슷한 낯선 이를 밖에서 우연히 마주하자 기분이 묘했다. 좀 떨어진 발치에서 책을 고르는 척하면서 그 사람에게 자꾸만 흘깃흘깃 눈길이 갔다.

'억만금을 준다고 해도 절대 엮이고 싶지 않은 사람이다. 고통만 주고 인생에 전혀 도움이 되지 않을 사람이다. 참 못나고 안 됐다. 인생이 힘들지 않은 사람이 어디 있다고. 술 하나 주체하지 못해서 저 지경으로 남 부끄러운 줄 모르고 돌아다니나. 저 사람 가족들도 참 안 됐다. 사람 구실 제대로 못하는 인간 하나 때문에 고생깨나 했겠구나.'

이런 생각이 스쳐 지나갔다. 술주정뱅이 아빠와 그 주변 사람들을 처음으로 타자화해서 제삼자의 시각으로 바라봤다. '가족이니까' 무조건 이해하고 수용하고, '아버지이니까' 권위에 복종하고 무조건 존중해야 한다는 엄마가 강요한 당위적인 관념과 집착에 비로소 균열이 나기 시작했다. 그동안 나를 괴롭힌 자기 파괴적이고 고통스러운 감정은 지극히 당연하고 정상적인 반응이었다고 수긍하게 되었다.

지금까지 이 글을 읽은 독자라면 '아버지는 누가 봐도 알코올 중독인데?' 싶을 것이다. 그런데 나는 불과 반년 전만 하더라도 아버지는 술을 좋아하고, 많이 마시고, 술에 취하면 주변 사람들을 괴롭게 한다 정도로 생각이 머물러있었다. 우연히 알코올 의존증을 전문적으로 치료하는 의사의 인터뷰를 접한 뒤에야 비로소 아버지는 술을 끊고 싶어도 끊을 수 없는 명백한 알코올 의존증이라고 규정지었다.

"지금 제 말씀을 듣고 이 말이 틀렸다는 생각이 들든가 화가 나고 기분 나쁘다고 느끼는 분은 알코올 의존일 가능성이 매우 높습니다. 술을 조절해서 먹는다거나 적당한 음주를 한다는 말은 세상에 없습니다. 술을 조절해서 먹겠다고 생각한다면 술을 안 드셔야 하는 겁니다. 아예 안 먹거나 의존해서 먹거나 둘 중 하나지 그것을 조절해서 먹는 중간 단계는 없습니다. 술에서 비롯되는 여러 문제들 즉, 신체나 정신건강에 문제가 되거나 사회생활에 문제가 생기는데도 술을 계속 먹는 경우, 그러니까 술을 조절할 수 없는 상태를 알코올 의존이라고 합니다.
알코올 의존 진단 기준은 여러 가지가 있는데요. 우선은 본인도 알아요. 자기가 오늘은 안 먹겠다, 오늘은 먹어도 이만큼만 먹겠다고 했는데 결국은 또 오늘도 먹었고, 자신의 예상보다 많이 먹어요. 이처럼 주량 조절 불가가 한 가지 증상이고요. 다음으로 가장 눈에 띄는 점은 나를 염려하고 아끼는 사람, 가장 친한 친구라든지 가족이겠죠. 가족이 '당신, 건강이나 사회생활에 문제가 되니까 나는 당신이 술 좀 안 먹었으면 좋겠다'라며 알코올에 문제가 있다고 생각하면 거의 틀림없는 알코올 의존입니다.

내가 술을 먹고 싶은지 아닌지는 중요하지 않아요. 내 몸에 술이 들어왔느냐 안 들어왔느냐가 중요하겠죠. 예를 들어, 술을 굉장히 먹고 싶은 마음이 드는데도 술을 안 먹는 사람은 알코올 의존이 아니에요. 그런데 술 먹을 마음은 없는데 식욕을 못 참듯이 어쩌다 보니 매일 술을 먹고 있으면 알코올 의존이지요. 술 없이 사는 인생도 굉장히 즐겁고 행복한데, 술 없이 사는 인생이 만약에 불행하다는 생각이 머릿속을 맴돈다면 당신은 알코올 의존일 가능성이 높습니다."

– 세브란스병원 유튜브 「세브란스」 정신건강의학과 남궁기 교수 인터뷰 중에서

오늘은 기분이 좋아서 한잔, 어제는 속상한 일이 생겨서 한잔, 내일은 주말이니까 한잔…. "오늘은 나가서 딱 소주 한잔만 하고 오겠소"라는 아버지의 단골 외출 인사말은 공허하기만 했다. 아버지가

정말로 소주 한잔에 그치리라고는 우리 가족 누구도 절대 믿지 않았다. 어차피 만취할 건 불 보듯 뻔하니 취하지 않는 것이 아니라 취했으면 집에 돌아와 조용히 쓰러져 자기만을 바랐다. 오늘만은 아무 일 없이 무사히 지나가기를 소원했다. 그러나 아이가 가질 법한 이 지극히 당연한 바람이 이뤄진 날은 거의 없었다.

밤이 오면 온몸에 기운이 뻗쳐 흥분을 조절하지 못하고, 제 몸 하나 제대로 가누지 못해 버둥거리는 괴물 한 마리가 여지없이 거실에 나타났다. 괴물은 울분에 사로잡혀 온 집이 울리도록 소리를 고래고래 지르고 추잡한 행패를 부렸다. 아빠는 술만 취하면 완전히 다른 사람이 되어버렸다. 평소의 온화하고 진중한 모습을 전혀 찾아볼 수 없고, 가족 앞에서는 눈에 뵈는 게 하나도 없는 사람처럼 보였다. 두 얼굴의 아버지를 도저히 이해할 수 없어서 '아버지의 신체를 다른 인격이 잠시 지배하는 건 아닐까'라는 의심을 한 적도 있다.

혼란스러운 손녀를 앞에 두고 할머니는 "너희 아빠는 술만 안 먹으면 사람이 멀쩡한데, 그놈의 술이 문제지, 문제"라고 항상 애꿎은 술을 탓하며 아빠에게는 면죄부를 부여했다. 그러나 아빠는 바로 그놈의 술 때문에 자신이 누구보다 사랑하고 한평생 헌신하며 희생했다고 믿는 가족들에게 깊은 고통과 상처를 남겼고, 평생 마찰을 빚으며 극심한 갈등을 반복해 왔다. 그런데 이토록 분명한 상황과 감정에도 불구하고, 나는 왜 아버지가 알코올 중독이라는 데까지는 생각이 못 미쳤을까. 그저 술을 많이 마시고 술을 좋아한다는 생각 언저리에 머물러서, 이런 아버지를 인정하거나 제대로 대우하지 못하고 부모-자식 간의 거리를 좁히지 못하는 죄책감을 안고 살았을까. 우리 가족의 비극의 시작은 아버지의 무절제한 음주 때문이라고 왜 진즉 자각하지 못했을까.

아버지가 알코올 중독이라고 자각하지 못한 이유(1)

악감정을 묻어두고 아빠를 그럭저럭 대하기까지 십여 년은 걸린 것 같다. 그의 잘못된 행동을 용서하거나 우리 부녀가 화해한 것은 아니다. 손찌검하거나 물건을 부수지 않고, 가족에게 고함을 치는 정도에 그쳐서 고맙다는 생각이 드는 사람을 어떻게 쉽게 용서할 수 있을까. 나를 건강하게 잘 키워줘서 고맙다는 마음과 아버지의 존재 자체가 거북한 양가적인 감정, 시리도록 채워지지 않는 외로움과 묵직한 부채 의식을 동시에 남겨준 사람. '용서란 미움에게 방 한 칸만 내주면 되는 거라지만…'4) 나쁜 기억이 얼마나 깊게 각인되었는지

---

4) 영화 「내 머리 속의 지우개(2004)」 수진(손예진 扮)의 대사

몸이 먼저 거부하는 걸 난들 어떡해. 이런 사람을 대체 어떻게 용서하고 사랑할 수 있을까.

언젠가 아버지를 향한 양가적인 감정을 일기로 남긴 기록이다. 나는 아버지의 그릇된 난폭한 언행과 괴롭힘, 마음속 응어리와 깊게 파인 상처, 악몽 같은 기억을 오롯이 간직하고 있었다. 그런데 왜 최근까지도 아버지가 알코올 의존증이며 폭력적인 성향이 있다고 제대로 인정하지 못했을까. 왜 아버지를 용서하거나 화해하지 못하고, 사랑하지 못한다며 줄곧 자책했을까. 왜 계속 어긋난 관계를 봉합해서 좋은 관계를 형성해야 한다는 집착을 버리지 못했을까. 애증의 감정에서 오는 혼란스러움 때문이었을까. 그것은 아마도 아버지를 오랫동안 사랑했기 때문일 것이다.

나는 순수한 아이의 마음으로 우리 아버지는 좋은 사람이고 멋진 사람이라고 끝끝내 믿고 싶었던 것 같다. 아버지가 나를 진정으로 사랑하지 않고 폭력적인 상황에 내몰았으며, 그렇게 내가 버려졌다는 도저히 받아들이기 어려운 사실을 인정하고 싶지 않았던 것 같다. 그럼에도 나를 낳고 키워준 아버지니까, 아버지를 마음 놓고 싫어하거나 미워할 수 없어서 그가 내보인 최악의 모습을 어떤 식으로든 부정하고 싶었던 것 같다. 내 무의식의 세계는 쓰레기 같은 아버지를 둔, 남 부끄러운 사람이 돼 사람들에게 약점을 잡힐까 봐 두려웠던 것 같다. 그래서 아버지의 존재를 있는 그대로 인정하기를 한사코 거부하고 끊임없이 왜곡하며 긍정적인 환상을 부풀렸던 것 같다. 언젠가는 아버지가 내가 바라는 아버지상에 근접하는 날이 찾아올 것이라는 일말의 기대감과 희망을 놓지 않았던 것 같다.

망각은 신이 인간에게 내린 최고의 축복이라던가. 이 축복 덕분에 십 대 시절 아버지가 자행한 악몽을 딛고 성인이 된 스무 살 이후에는 비교적 긍정적으로 살아올 수 있었다. 이십 대 중반까지 부모님과 한집에서 생활했지만, 대학생이 되고, 회사원이 되고부터는 부모님과 부딪힐 시간은 확연히 줄었다. 이 시기 심각한 사고를 당한 아버지는 몇 년간 병원에서 입원 생활을 했기 때문에, 아버지의 부재로 그와 만날 일이 한동안 아예 없었다고 하는 것이 더 맞는 표현이겠다.

아버지는 4년인가 꽤 오랫동안 집을 비웠는데, 기억이 틀림없다면 나는 이때 병문안을 사고 소식을 듣고 얼마 뒤 딱 한 번밖에 가지 않았다. 아버지의 사고 첫해에는 고3이라 대학 입시에 열중했고, 대학교에 입학한 뒤에는 적응하느라 정신이 없었다. 사실 이 모든 것은 핑계이고 병문안을 차일피일 미루다 보니 어느덧 시간이 흘러 아버지는 퇴원해서 집에 돌아와 있었다. 이 시기에는 아버지라는 존재를 거의 신경 쓰지 않고 살았다고 해야 할 것 같다.

처음 사고 소식을 들었을 때는 '대체 왜 우리 집에 이런 불행한 사고가 찾아왔을까' 두렵고 불안한 마음에 눈물이 베갯잇을 흥건하게 적셨다. 그러나 부모님이 수술과 치료와 재활, 병간호를 위해 집을 비운, 부모님이 부재한 조용한 집안 분위기에 놀랍도록 금세 적응했다. 이 시기에 아버지가 진심으로 보고 싶었던 적은 냉정하게 단한 번도 없었다. 아버지를 병문안 가지 않은 자식으로서 일말의 죄책감에 간혹 괴로운 적은 있지만.

좀 더 솔직하자면 사고 소식을 처음 들었을 때, 한참을 울다가 문득 '차라리 죽어버리지'라는 생각이 들었다. 아버지가 수술이 잘 돼 죽을 고비를 간신히 넘겼다는데 안도하고 다행이라는 마음이 드는 한편, 이러한 나쁜 생각이 머릿속을 스쳐 지나갔다. 악에 받친 나 자신이 혐오스러워 온몸이 부들부들 떨리고 억울한 감정이 북받쳐 올라 목놓아 서글프게 통곡했다.

아버지가 오랜 입원 생활을 마치고 퇴원해 집에 돌아온다고 했을 때도 양가적인 감정이 들었다. 분명히 기뻐하고 축하해야 할 일인데, 마냥 기쁘지만은 않아서 불편한 기색을 감추고 애써 즐거운 척을 했다. 아버지가 보고 싶었다고, 오랜 치료를 잘 끝마치고 이렇게 돌아오셔서 얼마나 기쁜지 모르겠다고. 환영의 거짓 인사를 건네며 억지웃음을 지어 보였다. 환영하는 말이 완전히 거짓은 아니지만, 그렇다고 완전한 진심도 아니었다.

운이 좋게 아버지와 애틋하고 좋은 관계를 맺고 있는 사람은 '그래도 아버지인데 너무한 것 아니냐'라며 이해하지 못할 수도 있다. 이해한다. 나도 자식으로서의 도리를 저버리는 것만 같아서 아버지에 대한 부정적인 감정을 부정하느라 끝끝내 괴로웠으니까. 겉으로 온전히 내비치지 않은 아버지를 향한 극단적인 미움과 혐오는 죄책감을 끊임없이 자극하고, 나를 죄의식의 굴레에 단단히 옭아맸으니까.

이런 깊은 죄책감이 아버지를 이해하고 사랑해야 하며, 아버지의 바람대로 부녀관계의 거리를 좁혀가야 한다는 강박과 집착을 만들었던 것 같다. 아버지에게 받은 상처보다 아버지를 향한 죄책감의 크기가 더 커서 과거의 악몽을 계속해서 지우고 달콤한 꿈에 젖고 싶었던 것 같다. 아버지에게 다가갈 수 있도록 부정적인 실제 이미지를 지우고 내가 믿고 싶은 좋은 아버지의 환상을 덧입혀서 현실을 왜곡했던 것 같다. 그때까지 아버지와 나는 실제로 한 번도 가까웠던 적도, 가까워질 수도 없는 관계였는데도 말이다.

심리상담 첫째 날, 부모님과의 관계를 묻는 질문에 답한 내용을 다시 떠올려본다.

"부모님과 관계는 어떠세요?"

"음… 오히려 아빠와 관계가 좋은 것 같아요. 연락을 하거나 그런 관계는 아니지만, 오히려 연결 지점이 없고 저를 그냥 내버려 두시고 아빠는 또 아빠 인생을 잘 살아가시고. 돌이켜보면 그러면서도 제가 하고 싶은 일을 결국은 다 아빠가 아낌없이 금전적으로나 심리적으로 지원을 해주셨더라고요. 그야말로 희생이죠."

연락을 하지 않고 연결 지점이 없고, 각자의 인생을 살아가는 관계. 서로의 인생에 관여하지 않고 방관하고 방치하는 사이. 실제로는 남과 다름없고 무관심한, 전혀 친밀하지 않은 관계. 아버지와 나는 서로 무관심하고 관계를 맺지 않음으로써 좋은 관계를 유지할 수 있었다. 친밀도가 0에 가까운 극한의 거리감을 유지하며, 현실에는 존재하지 않는 자신이 바라는 이상적인 부모상, 이상적인 자식상을 그리워하며 살아가는 공허한 관계, 이것이 내가 아버지와 실질적으로 맺고 있는 관계였다. 과연, 서로의 있는 그대로의 실제 모습을 부정하는 공허한 관계를 인간관계를 맺고 있다고 할 수 있을까. 접촉하지 않으면서 유지되는 사이에 과연 관계가 존재한다고 할 수 있을까.

최근에 동생도 과거에 아버지 병문안을 두 번인가밖에 가지 않았고, 아버지가 퇴원한다고 했을 때 달갑지만은 않아서 나처럼 죄책감에 시달렸다는 것을 알게 되었다. '나만 모질었던 게 아니구나. 나만 불편한 죄책감을 느낀 게 아니구나'라는 동질감에서 묘한 위로를 받았다. 지난 감정들의 정당성을 인정받고 마치 면죄부를 부여받은 것 같았다. 왜곡된 관념에서 벗어나 아버지와 내가 실제로 형성하고 있는 관계의 실체가 보이는 것 같았다.

아버지가 알코올 중독이라고 자각하지 못한 이유(2)

"엄마, 정신 차려. 아빠는 알코올 중독이야. 모르겠어?"

"……"

"이렇게까지 말하고 싶지는 않지만 나에게 아빠는 가정폭력범이나 다름없다고. 내가 꼭 이렇게 강하고 거칠게 말해야지만 이해하겠어, 어? 술을 좋아하고 많이 마시고 술 없으면 못 살고 술을 끊지 못하는 것, 이게 알코올 중독이지 뭐야. 언제까지 자식더러 알코올 중독자와 사이좋게 지내라고 집착하고 매달릴 거야? 그게 가능한 일이기나 해?"

"맞아, 그러고 보니 엄마도 처음에 결혼했을 때 너무 충격적이었는데…. 다 잊고 있었던 것 같아. 미안해, 엄마가 정말 부모 자격이 없다."

"어, 맞아. 엄마 부모 자격 없어. 그러니까 제발 나 좀 그냥 내버려
둬. 이제는 나도 제발 좀 행복해지고 싶어."

앙칼진 대화로 엄마와의 통화를 종료했다. 내 심정을 더도 말고
덜도 말고 있는 그대로 솔직하게 내지르자 속이 다 후련했다.

여전히 남편에게 맞고 사는 아내들이 있다. 맘카페를 운영하는 결
혼한 지 20년이 된 지인 말로는 생각보다 이런 안타까운 처지에 놓
인 아내들이 많다고 했다. 겉으로는 화목해 보이는데, 화려한 포장
지를 한 꺼풀 벗겨내면 실제로는 저마다 다른 듯 비슷한 사연으로
불행한 결혼생활을 견디는 가정이 수두룩하다고 했다. 유경험자로
서 사실 불행한 결혼생활이 새삼스럽지는 않지만, 드러나지 않은
폭력에 노출된 여성이 여전히 많다는 현실을 선뜻 믿고 싶지는 않
았다.

예전에는 이런 사연을 접했을 때 '왜 그러고 살지? 폭력은 어떤 이
유로도 정당화될 수 없어. 더 늦기 전에 얼른 도망쳐!'라고 단순하
게 원칙적으로 생각했다. 이번에는 좀 더 구체적으로 아내의 복잡
한 내면을 한번 따라가 보기로 했다. 이 아내도 결혼하고 처음 남편
이 폭력을 휘둘렀을 때, 당황하고 극심한 충격을 받았을 것이다. '과
연 폭력적인 배우자와 결혼을 유지할 수 있을까? 그게 맞는 걸까?'

라는 고민에 빠져 혼란스러웠을 것이다. 이 아내도 처음에는 분명히 폭력은 정당화할 수 없는 나쁜 행동이라는 원칙적인 자각을 했을 것이다.

한편으로 남편이 자신을 사랑하지 않고 폭력을 휘두르는 현실을 부정하고 싶었을 것이다. 배우자를 잘못 선택했다는 자신이 저지른 실수를 인정하고 싶지 않았을 것이다. 배우자가 원래부터 폭력적인 사람은 아니라고, 결혼을 했으니까 앞으로 변할 여지도 있다고 믿고 싶었을 것이다. 부정에 부정을 거듭하고 앞으로 달라지리라고 굳게 믿고 싶어서 남편이 결혼 전 본모습을 감추고 자신을 기만했다는 현실은 외면했을 것이다. 누구보다 신뢰하고 친밀한 관계여야 할 배우자에게 맞았다는 사실이 수치스러워, 타인에게 자신이 처한 상황과 고통을 선뜻 털어놓지 못했을 것이다.

만일, 폭력 남편이 가족의 생계를 책임지고, 제정신이 들었을 때 자신이 미쳤었다며 다시는 그러지 않겠다고 싹싹 빌고 사과한다면? 이처럼 사과와 용서하는 행위를 몇 번 반복하다 보면 자신도 모르게 비상식적인 폭력 환경이 야기하는 익숙한 무력감에 빠져들고 만다. 생계 문제를 해결할 수 있는 온전치 못한 애정에 의존해 생존하려는 욕구가 비상식적인 상황에서 빠져나올 용기를 앞지른다. 어느새 남편의 폭력을 '어쩔 수 없다'라고 정당성을 부여해 인정하고 습관적 자기합리화를 하기에 이른다.

여기에 구원 환상이 더해지면, 폭력을 휘두르는 남편은 실은 안쓰럽고 불쌍한 존재라서 자신이 반드시 옆을 지켜야 하며, 그는 비록 자신을 때리지만 사랑하는 마음만은 틀림없고, 자신에게 남편은 세상 무엇보다 소중하고 사랑하는 존재라는 자기기만에 빠지게 된다.

충격과 혼란, 자기 의심과 현실 부정 단계를 거쳐 폭력이라는 비상식적인 상황에 익숙해져 수용하고 방치하다가 구원 환상까지 이르는 과정은 엄마가 알코올 의존증 아빠와 결혼해 살면서 결국 자기기만에 빠진 과정과 정확하게 일치한다. 엄마는 입버릇처럼 아빠는 불쌍한 사람이라며 동정하는 기색을 내비치곤 했으니까.

엄마의 자기기만과 자식에게 알코올 의존증 남편의 아버지로서의 권위를 세워주고 싶은 욕심은 우리 삼 남매가 비상식적인 상황에 길들여지지 않고 저항하려는 마음을 자꾸 희석시켰다. 세상을 제대로 보지 못하도록 눈을 가리고 방해하며, 결국에는 자기 분열적인 혼란과 갈등을 불러일으켰다.

너무 사랑해서 때리고 상처 준다는 말은 옳지 않다. 누군가를 정말로 사랑한다면 뭔가 하나라도 더 잘해주고 싶고, 함께 소중한 시간을 보내고 싶지, 어떻게 폭력을 휘두르겠는가. 보호하고 아껴주고 싶지, 가슴이 미어져서 어떻게 감히 고통을 주고 상처를 입히겠는가. 세상에 단점 없는 사람이 없고, 모든 인간은 불완전하지만, 애정 관계에서 일어나는 폭력은 어떤 말로도 정당화될 수 없다. 폭력은 그저 폭력일 뿐이다.

같은 맥락에서 아버지는 과연 자신이 믿는 것처럼 자식과 아내를 진정 사랑했을까. 너무 사랑해서 자신이 술 취해 행패를 부리는 모습을 나머지 가족들이 이해해야 한다고 강요한 것일까. 백번 양보해서 아무리 아버지를 이해하고 싶어도 40대 어른이 만취해 10대 아이에게 어떻게 고성을 지르고 위협적인 공포 분위기를 조성했는지 내 상식으로는 도무지 이해할 수 없고, 앞으로도 이해할 수 있을 것 같지 않다. 술 취해 가족 앞에서 난동을 부리는 것, 이건 결코 사랑도 뭣도 아니다. 어떤 이유로도 정당화할 수 없는 폭력이고, 뉘우치고 사죄해야 할 잘못이다.

아버지는 지금도 술을 마시지 않는 날이 거의 없다. 매 식사에서 반주는 기본이며, 친구들과 약속에서도 술은 거의 빠지지 않는다. 조금이라도 술기운이 올라오면 눈을 게슴츠레하게 뜨고 기분은 고조돼 몇 시간이고 자기 할 말만 끝없이 늘어놓는다. 누가 봐도 주량이 세고 과음이 잦은 알코올 의존증이다. 그런데 이를 자각하지 못한 가장 단순한 이유는 횡설수설하고 제정신이 아닌 아버지의 모습이 익숙했기 때문이다. 알코올 의존증이 왜 알코올 의존증이겠는가. 술을 마시지 않고는 견디지 못하기 때문에 굳이 알코올 의존증이라는 정신의학적인 병명을 붙인 것이다.

충격적이게도 술 취한 아버지만을 평생 보아왔기 때문에 술에 취하지 않은 아버지의 모습은 잘 떠오르지 않는다. 그러고 보면 아버지가 정신이 멀쩡한 날이면 '오늘은 무슨 일이래? 해가 서쪽에서 뜨려나?' 생각했다. 폭력에도 자주 노출되면 시나브로 젖어 들듯이, 주정꾼 아버지가 당연해서 어느새 주정꾼을 주정꾼이라고 인식하지 못하는 단계에 이르렀다.

아버지는 젊은 시절처럼 인사불성이 돼 가족에게 고함을 치는 난폭한 행동은 거의 하지 않고, 주량도 예전보다는 줄어들었다. 아버지의 극단적 상태를 기준으로 현재의 상태가 '많이 나아졌다', '좋아졌다', '이만하면 사람 됐다'라는 인지 왜곡이 일어나서 현재의 상태에 만족하고 한동안 방치했었다. 그러나 아버지가 과거보다 나아졌다고 현재 상태가 과연 괜찮은 것일까. 이제는 알코올 의존증에서 벗어났다고 할 수 있을까. 건강검진에서 금주를 하라는 의사의 권고를 무시하고 그래도 한잔은 괜찮다며 어김없이 막걸리를 꺼내 드는 사람인데?

한때는 아버지의 사과가 부녀관계 회복의 출발점이라고 생각했다. 상담 선생님은 아버지처럼 피해의식과 자격지심이 크고, 자신이 희생했다는 믿음이 강하며, 불행한 사고를 겪어 세상에 원망이 가득

한 사람은 결코 사과하기 쉽지 않으리라고 말씀하셨다. 나도 두말없이 그 말씀에 고개를 끄덕였다. 이제는 더 이상 아버지의 사과를 기대하지 않는다. 화해하고 싶은 마음도 없다. 부디, 미숙하고 부족한 아버지를 마음으로 용서하고, 헝클어진 내 마음에 정갈한 평온이 찾아오기만을 바랄 뿐이다.

대물림되는 애정결핍과 불안정애착

영화 「사도」에서 영조는 사도세자에게 대리청정을 명한다. 영조 대신 정사를 맡은 사도세자가 대신들과 논의해 자율적으로 정책을 결정하면 영조는 "네가 뭘 알아서 마음대로 결정을 하느냐"라며 질책한다. 반면, 사도세자가 영조에게 어떻게 결정할지를 물으면 이번에는 "그만한 일도 혼자 결단하지 못하느냐"라며 다그친다. 사도세자가 자의로 결정해도, 타의로 물어봐도 영조의 눈에는 전부 못마땅하다. 어떤 말을 하고 행동을 하더라도 아버지의 야단과 비난이 쏟아지는 암울한 결말은 정해져 있다. 아들인 사도세자는 대리청정을 하는 것이 아니라, 마치 아버지 영조의 만만한 화풀이 대상처럼 보인다. 정신적인 괴롭힘을 일삼는 절대 권력자인 아버지 바로 앞에 앉아서 좌불안석 어쩔 줄 몰라 하며 눈치를 보는 사

도세자가 얼마나 안쓰럽던지. 이처럼 변덕이 심한 콤플렉스 덩어리
인 아버지 영조와 마음이 여리고 효심이 깊은 아들 세도세자는 내
어린 시절을 떠오르게 했다.

나는 솔직하고 수다스러운 아이였다. 어렸을 때 식구가 다 같이
저녁을 먹을 때면 학교에서 무슨 일이 있었는지 미주알고주알 이야
기보따리를 풀어놓고는 했다. 신이 나서 한참 얘기하고 있으면 무표
정한 아버지는 얼굴이 더욱 굳어지더니

"밥 먹는데 계집애가 왜 이렇게 시끄럽게 떠드는 거야. 그만 좀 종
알종알 대."

갑자기 버럭 소리를 질렀다. 식사 분위기는 일순간 초상집처럼 숙
연해졌다. 엄마와 할머니가 계셨지만, 어린 나를 대신해서 아버지
에게 맞서 준 적은 한 번도 없었다. 그 사람들은 아이들을 향한 아
버지의 괴롭힘을 늘 방관하고 방치하고 회피를 일삼았다. 그 사람
들이 아버지의 막무가내식 거친 태도를 문제 삼고 제대로 지적했다
면, 아버지의 일관적이지 않은 행동에 이처럼 깊은 혼란을 느끼지
는 않았을 것이다.

한편, 다음날 샐쭉해서 말없이 조용히 밥을 먹으면 아버지는 이번
에는 헤실거리며 제멋대로 농담을 던지곤 했다.

"이거 완전 땡삐네, 땡삐. 입이 쭉 나와가지고."

하지 말라고 불쾌하다는 의사표시를 해도 자신이 기분 좋은 날에
는 아랑곳하지 않았다. 아버지에게 어린 자식들의 감정은 전혀 중요
하지 않았고, 기분이 좋은 날과 나쁜 날 제멋대로 표현하는 감정의
온도 차는 너무 컸다. 전날 자신이 버럭 화를 낸 말과 행동은 안중에
도 없이 자식들이 왜 다른 가족처럼 살갑거나 다정하지 않은지 제멋
대로 불만을 표시했다. 성격이 모나고 유난스럽다며 전부 자식들을
탓했다. 엄마도 종종 내 예민함과 까다로움을 지적하며 자신의 우울
함과 힘겨움을 내 탓을 하고는 했다. 집에서 내가 기댈 사람은 아무
도 없었다. 도저히 종잡을 수 없는 아버지와는 말하지 않고 피하거
나 무시하는 것이 상책이었다. 아무도 나를 지켜주지 않는 상황에서
왠지 모를 불편한 거리감을 유지하는 것만이 최선이었다. 그나저나
아버지 고향은 강원도인데 왜 틈만 나면 이 가족, 저 가족에게 땅벌
의 경상도 사투리인 땡삐, 땡삐 해댔는지 모를 일이다.

이처럼 부모의 일관적이지 않은 양육 태도 속에서 온전한 사랑을
받지 못한 아이는 불안정애착을 형성한다. 자신을 절대적으로 사랑
한다고 믿는 부모에게 때때로 사랑한다면 절대로 할 수 없는 말이나
행동을 경험하면서 혼란을 겪는다. 내면의 성장을 저해하는 거리를
둬야 할 미성숙한 부모에게 오히려 인정받고 온전히 사랑받고자 집
착한다. 자신에게 상처를 주는 사람과는 거리를 두는 것이 당연한

본능인데, 애착관계를 형성하고 있는 부모와는 거리를 두면 오히려 불안하고, 심지어 죄책감이 든다.

어린 자식에게 부모는 세상의 전부이다. 아이는 부모의 사랑을 의심하지 않는다. 부모가 정신적으로 공격하거나 상처 주거나 보호해야 할 때 방치하더라도, 아이는 부모가 자신을 무한히 사랑한다는 믿음을 쉽게 저버리지 않는다. 아이는 생존을 위해서라도 본능적으로 부모를 무조건 사랑할 수밖에 없다. 함께 많은 시간을 보내는 주양육자인 엄마(또는 아빠)가 힘들어 보이면 위기 경보가 발동한다. 자신이 짐이 되지 않도록 부모의 기분을 살피고 자신의 욕구를 희생해서라도 부모의 기대를 맞추려고 한다. 부모에게 안정적인 사랑을 느끼지 못하니 부모가 자신을 떠날까 봐 두려운 마음이 들기 때문이다. 이 불안감이 클수록 자신의 욕구는 감추고 더욱 순응하는 착한 아이가 돼 부모의 인정을 받고 기대를 충족하는 사람이 되는 데 집착한다.

아버지가 술주정을 할 때 나는 겉으로는 정색하고 무시하는 방식으로 대응하는 한편, 속으로는 엄마의 바람대로 술 마시는 아버지를 이해하지 못하는 자괴감에 빠졌고, 아빠의 바람대로 살가운 딸이 되지 못하는 죄책감에 시달렸다. 그러나 최소한 주정하는 아버지가 불편하고 두려워 피해야 한다는 자각은 있었다. 반면, 동생의 경우 술 취한 아빠 앞에서 자신이 재롱과 애교를 부리면 아빠의 과격한 언행이 줄어들고 얼어붙은 집안 분위기가 나아지지 않을까 싶어서 그 공포스러운 상황 속으로 제 발로 걸어 들어갔다고 했다. 둘 다 부모님과 불안정애착을 형성했지만, 나보다 어렸던 동생은 유기 불안도 있었던 것 같다.

만취한 사람은 상식적으로 피해야 하는데, 불안정애착을 형성한 자식은 술 취한 부모를 쉽게 벗어나지 못하고 거듭 이해하려 한다. 애당초 이해 불가인 영역인데, 이해하지 못하는 자신을 탓하고 부모를 향한 죄책감에 사로잡힌다. 이런 불편한 감정을 해소하는 방법을 제대로 배우지 못해 거의 항상 불안하고 긴장한 채로 살아간다. 타인의 비상식적인 행동을 이해하고 기대에 부응하고자 과도한 에너지를 쏟기도 한다. 극도로 내향형인 아이들은 심지어 문제의 원인을 자기 자신에게 찾다가 자기를 부정하는 단계에 이르기도 하며, 극단적인 자기부정은 자해를 하거나 자살 시도를 하는 등 자기 파괴적인 행동에 이르기도 한다. 이는 전부 벗어날 수 없는 무력한 상황에서 자신의 통제력을 상실하고 싶지 않은 처절한 몸부림이다.

부모와의 애착관계가 무서운 점은 어렸을 때 한 번 고착된 애착 관계는 성인이 되어서도 그대로 이어진다는 점이다. 부모와 유사한 유형의 사람과 관계를 형성해 비슷한 감정 상태에 처했을 때, 어렸을 때부터 지금까지 부모에게 대처하던 습관 방식 그대로 행동을 재연한다.

사랑하는 사람이 서서히 내 의사를 존중하지 않고 더 이상 배려하지 않고 심지어 무시하거나 공격적인 태도를 보이는데도 현실을 제대로 직시하지 못해서 외면하고 방치한다. '아닐 거야. 분명히 나를 사랑한다고 했잖아. 무슨 사정이 있을 거야. 시간이 지나면 나아지겠지'라며 괴롭히고 하대하는 상대방을 지나치게 이해하고 맞추려고 한다. 상처 주는, 왠지 모를 불편하거나 혼란을 주는 관계는 의심하고 멀어져야 하는데, 오히려 자꾸만 다가가려는 희한한 심리가 작동한다.

이제는 어른이라서 건강하지 않은 관계를 끊어낼 힘이 충분한데도 자신의 능력을 자각하지 못한다. 비단 연인관계만이 아니라 직장 상사나 동료, 친구 등 가깝고 친밀한 관계에서 어느 순간 나를 존중하지 않고 무시하거나 공격할 때, 어렸을 때 생존을 위해서 부모에게 맞춰야만 했던 습관 그대로 몸을 바짝 낮춰서 행동한다. 더는 그러지 않아도 되는데, 자신도 모르게 마음이나 상황이 자꾸만 그렇게 흘러간다.

친밀한 상대에게 순응하고 맞추는 데 익숙해서 자신의 불편한 감정을 있는 그대로 말하거나 갈등을 감수해서라도 맞설 용기를 내지 못한다. 아예 이런 생각은 선택지에 없다는 표현이 더 맞을 것 같다.

부모와 비슷한 사람과 친밀한 관계로 엮였을 때 자존감 낮은 관계를 형성하는 행동 패턴은 자신이 부모와 건강하지 못한 관계를 형성했다는 현실을 직시하기 전까지 계속 반복된다. 타인의 마음에 스스로에 대한 의심을 불러일으켜 현실감과 판단력을 잃게 해서 그 사람에게 지배력을 행사하는 것, 소위 말하는 '가스라이팅'에 취약한 상태로 살아가게 된다.

주정뱅이 아빠를 왜 좋은 사람이라고 믿었을까?

이십 대 중반, 거주지를 독립해서 부모와 따로 산 이후에는 부모님과 직접 대면할 일이 드물었다. 비로소 불편하고 상처 주던 부모에게 벗어나 자유를 누리고 온전히 내 힘으로 삶을 책임지게 되었다. 일산의 원룸으로 이사한 날, 그동안 아버지가 만들어내던 온갖 소음 공해에서 드디어 해방됐다. 빛도 잘 들지 않는 원룸 침대에 혼자 누워 적막한 공기의 흐름 속에서 처음 느낀 고요한 평온함과 충만한 행복감을 잊을 수 없다. 허울뿐인 사랑이라는 미명으로 자행된 부모의 정서적 폭력과 학대에서 벗어나자 과도한 긴장과 스트레스도, 1년에 한두 번 심하게 체해서 괴롭게 토하거나 응급실을 들락거리던 연중 이벤트도 사라졌다. 마음이 편해지자 억지 미소는 자연스러운 웃음으로 바뀌었다. 몸과 마음이 건강해지자 삶의 만족도는 높아지고 인생도 술술 잘 풀려갔다.

그런데 신이 내린 망각이라는 축복은 나에게는 약이 되는 듯하면서 독이 되었다. 가끔 만나는 부모님과는 서로 좋은 모습만 보여주다 보니, 아버지의 알코올 의존증이 예전과 마찬가지로 현재진행형이라고는 생각하지 못했다. 아버지를 향한 미움은 점점 희석됐고, 내가 믿고 바라던 아버지의 좋은 점들만 머릿속에 부각되었다. 시간이 더 지나자 어느 순간 부모님 두 분이 사이가 좋다고 대단한 착각을 하기에 이르렀다. 내가 행복한 만큼 우리 원가족도 행복하다고, 믿고 싶은 대로 믿어버리고 말았다. 10대 때 아버지의 술주정으로 그토록 고통받았으면서, 거주지를 독립했다고 어떻게 그 기억을 몽땅 잊을 수가 있는지. 기억상실증이라도 걸린 것일까.

여기에도 몇 가지 이유가 있는데 우선, 나는 성격적으로 고통을 과하게 회피하고 긍정성을 넘어서 낙천적이 되려는 경향이 강한 사람이기 때문이다. 인간은 본성의 측면에서 고통에서 벗어나 쾌락을 느끼고 싶어 한다. 고통을 벗어나지 못하고 너무 오래 머물러 있으면 우울증 등 정신질환을 겪게 되니, 망각이란 틀림없는 축복이다. 그러나 심리학을 공부하고 나 자신을 통찰할수록, 모든 감정에는 '적당히'가 중요하다고 깨닫는다. 고통 속에 지나치게 머무르는 것도 해롭지만, 고통을 느껴야 할 때 이를 제대로 느끼지 못하고 너무 빨리 지나가 버리는 것도 좋지 않다.

상담 선생님은 지나친 긍정성을 어린 시절 아버지의 술주정으로 고통받았을 때 아무도 나를 보호하지 않는 상황에서 살아남기 위해 선택한 방법일 것이라고 짚어주셨고, 나도 동의한다. 우리 사회는 감정을 숨기고 이성적이고 긍정적인 사람을 선호하지만, 지나치게 밝고 긍정적이면 오히려 마음에 상처가 깊은 사람일 수 있다, 나처럼. 캔디의 노랫말처럼 '외로워도 슬퍼도 나는 안 울어. 참고 참고 또 참지 울긴 왜 울어'대로 살아가면 마음속 상처를 제대로 치유하지 못해서 부정적인 감정 억압에 익숙하지만, 정작 자신의 감정을 다루는 데는 미숙한 어른아이가 되고 만다.

또한 부모에게 온전히 사랑받지 못한 불행한 어린 시절이었지만, 깊은 마음 한편에는 내심 화목한 가정을 갈망하며 부모님을 온전히 받아들이고 싶은 마음이 있었던 것 같다. 부모를 부정할수록 나 자신을 부정하는 것과 마찬가지이기에 온전해지고 싶다는 심리적 결핍이 늘 존재했던 것 같다. 사실, 이런 결핍을 채우고자 세상 어딘가에 부모의 애정을 대신할 내 반쪽이 존재한다고 믿고 연인을 만나서 기꺼이 위험한 사랑에 빠져들지 않는가.

이 시기, 물리적 거주지는 독립했지만 나는 부모가 남긴 애정결핍에서 여전히 벗어나지 못하고 허구의 독립에 머물고 있었다. 정신적, 정서적으로 미성숙한 부모님은 결코 내가 바라는 충만하고 안정적인 사랑을 줄 수 있는 사람들이 아닌데, 이를 깨닫지 못해서 망령된 믿음에 집착해 그들과의 지나친 밀접한 관계를 못 놓고 있었다.

다음으로 아버지의 만행을 잊고 실제보다 훨씬 좋은 사람으로 아버지에 대한 부풀려진 환상을 갖게 된 것은 엄마의 왜곡된 시선의 영향이 크다. 돌이켜보니 지금까지 아버지와 직접적으로 대화를 제대로 나눈 기억은 드물다. 확실한 이유는 알 수 없지만, 우리 가족은 늘 필요 이상으로 아버지와 자녀 사이에 소통의 매개체로 반드시 엄마가 끼어 있었다. 순수한 어린 시절에는 '아빠의 생각을 왜 엄마가 늘 대신 전해주지? 아빠는 바쁘셔서 우리와 대화할 시간이 없는 건가?'라며 이상한 소통 방식을 눈치챘지만, 어느새 엄마를 매개로 한 독특한 소통 패턴에 익숙해졌다.

엄마는 만취해 가족에게 상처를 주는 주정뱅이 아빠를 일하느라 힘드셔서 그런 거니 온 가족이 이해해야 한다고 주장하는 무한 아빠 옹호론자이자 긍정론자 아닌가. 엄마는 늘 아버지의 권위를 세우려는 말을 하고는 했는데, 아마도 부모로서 자격 미달인 아버지를 자식들이 무시할까 봐 노심초사했던 것 같다. 엄마는 아버지를 강박에 가깝게 항상 긍정적으로, 완벽한 사람처럼 묘사하고는 했는데 "아빠는 너희를 엄청 사랑하고 염려하셔서", "아빠는 엄마를 무척 생각해서 잘 대해주셔", "아빠가 늘 든든하게 우리 뒤에서 지켜주고 계셔"와 같은 말들이었다. 그러니까 내가 믿고 있는 좋은 아버지는 직접 보고 듣고 느껴서 판단한 사람이 아니다. 엄마에게 오랫동안 세뇌된 결과 '이랬으면 좋겠다'라고 머릿속에 각인된 허상을 내가 직접 경험한 사실이라고 착각한 것이었다. 실제로는 존재하지 않는, 엄마가 만들어낸 이상적인 아버지상에 불과했다. 아마 엄마도 지옥 같은 현실을 부정하고 자신이 희망하는 바람직한 남편상에 끝없이 집착하다가 어느 순간 환상을 현실이라고 믿어버린 것 같다. 환상을 자식들에게 주입하는 것으로 무너져내린 가정이라는 울타리를 공고히 하려고 했던 것 같다.

부모가 만날 싸우면 자식의 정서는 불안정해지고 '부모처럼 저렇게 살지는 말아야겠다'라거나 결혼에 부정적인 태도를 보일 수도 있다. 어린 자식을 감정쓰레기통 삼아서 남편이나 시부모 험담을 늘어놓으면 자식은 엄마의 부정 프레임에 갇혀서 아버지, 할머니, 할아버지를 실제보다 더 부정적인 편견을 갖고 대할 확률이 높다. 한편, 실제보다 지나치게 부풀린 왜곡된 긍정 프레임도 우리 가족에게 미친 악영향처럼 왜곡된 부정 프레임 못지않게 위험하다.

넷플릭스 화제의 다큐멘터리 「나는 신이다: 신이 배신한 사람들」에서 다룬 사이비 종교의 신도들이 권위자의 궤변에 설득돼 점점 빠져드는 심리는 남편이라는 권위자에게 절대복종하는 엄마의 이해 불가한 모습과 겹쳐 보였다. 결국, 사이비 종교에 미친 사람들도 처음에는 나처럼, 우리 주변에서 흔히 보는 사람들처럼 평범한 사람들이었다. 엄마는 순진한 이상주의자이자 사람에 대한 경계심이 낮고 상실에 대한 공포감이 커서 관계를 잘 끊지 못하는 사람인데, 그나마 알코올 의존증 남편, 자식들에게 집착해 공허한 마음을 달래서 웃프게도 다른 데 눈 돌릴 틈이 없었던 건 아닌가 싶다.

엄마의 왜곡된 긍정 프레임에 갇혀서 미성숙한 아버지를 이상적으로 바라보자, 엄마의 의도대로 고집불통이고 이기적이며 폭력적인 성향의 아버지 모습은 수면 위로 떠올랐다가 기억 저편으로 반복해서 치워졌다. 나를 사랑하고 염려한다는 주정뱅이 아버지를 엄마의 말대로 존중하고 인정할 수 없어서 갈등하고 괴로웠다. 엄마의 왜곡된 긍정 프레임은 자식들을 죄책감의 굴레 속에 처넣어버렸다. 현실을 있는 그대로 바라보는 연습이 되어 있지 않아서 실제로는 존재하지 않는 이상적인 가족상, 부모상, 배우자상에 집착하게 되었다. 자존감 낮고 의존적 성향이 높은 엄마가 결혼생활 내내 얼마나 존중받지 못하고 불합리한 상황을 감내하며 저자세로 맞춰왔는지, 나도 모르게 두 눈을 감고 제대로 보지 못했다. 그리고 두 분의 결혼생활이 행복하다고, 엄마가 믿고 싶은 대로 나도 믿어버리는 어리석음에 갇혀 절망의 구렁텅이에 빠지고 말았다.

나에게 아버지는 실재하지만, 부재한 인물이기도 하다. 아버지가 사고 나기 전 열아홉 살까지 한집에서 살았지만 제대로 된 대화는 거의 부재하고, 술 취해 난동을 부리거나 자기감정에 따라서 정신적인 괴롭힘을 일삼는 잊고 싶은 기억이 대부분이라서 사실 이는 당연한 감정이다. 좋은 추억이 아예 없지는 않지만 서글프게도 고작 다섯 손가락에 꼽을 수 있을지도 자신 없다. 반면, 잊고 싶은데 지워지지 않는 더러운 추태와 토할 것 같고, 가슴 철렁하는 말들은 열 손가락이 모자랄 만큼 넘쳐난다.

지금까지 한 번도 글로 쓰거나 입 밖에 낸 적 없는 고백을 하겠다. 아주 이상하게 들릴 수도 있는데, 때때로 우리 아버지가 세상에 여전히 존재하고 있을까 의문을 품기도 한다. 어쩌면 실제 아버지는 내가 열아홉 살 때 가족을 위해서 일을 하다가 안타깝게 세상을 떠났고, 현재의 아버지는 엄마가 재혼 뒤 맞이한 '엄마의 남편'에 불과한 사람이 아닐까 싶을 때가 있다. 자존감이 낮고 의존성이 높은 엄마가 홀로 된 외로움을 견디지 못하고 자식들의 반대에도 불구하고 결국, 아버지와 비슷하지만 더 저질인 사람과 결혼해 살고 있는 것이 아닐까 싶을 때가 있다.

엄마는 자신의 선택을 후회하자니 자존심도 상하고 인생을 부정하는 것만 같아서 썩어 문드러진 동아줄을 놓지 못하고 기어코 쥐고 있는 것만 같다. 그래서 언젠가부터 모자란 아버지가 자신을 얼마나 생각하고 잘 대해주는지를 자식들에게 누누이 강조해서 말하는 것이 아닌가 싶다. 그런데 엄마의 말속에는 자신에 대한 남편의 사랑은 녹아있는데, 자식을 향한 아버지의 마음은 전혀 느껴지지 않는다. 엄마는 자신이 좋아하는 것을 같이 좋아해 주기를 바라는 아이처럼 '아빠가 엄마를 이렇게 사랑하니까 너희도 아빠가 어떤 행동을 하든 무조건 같이 좋아해 줘'라고 억지를 부리고 있었다. 그런데 엄마가 그토록 믿는 아빠의 사랑은 심지어 그리 온전치도 않다.

나는 이혼 가정에서 성장하지는 않았지만, 아버지에 대한 혼란스러운 감정 한편에는 아버지가 부재한 가정에서 자랐거나 재혼 가정에서 자라서 새아버지와 거리감을 느낄 수밖에 없는 환경에 처한 것 같은 기분이 들 때가 있다. 아버지의 사랑을 제대로 받은 경험이 없어서 여전히 어린아이처럼 아버지의 사랑과 인정을 갈구하고 있구나 싶기도 하다. 그래서 결국 아버지와 비슷한 사람을 만나서 결혼하고, 엄마의 불행한 결혼생활을 고스란히 재연하고 말았나 보다.

딸은 왜 아버지 같은 사람을 만나서 결혼하는가?(1)

살면서 맺는 인간관계 가운데 부부만큼 특별한 인연도 없다. 아마도 더 불행해지려고 결혼하는 사람은 세상에 없을 것이다. 모두가 좀 더 행복해지고 싶어서 결혼을 선택할 것이다. 그런데 정작 행복한 결혼생활을 유지하는 부부는 얼마나 될까. 겉으로는 괜찮은 것 같지만, 현미경으로 속을 세밀하게 관찰해야 보이는 악성종양처럼 관계가 곪을 대로 곪은 부부들이 얼마나 많을까. 이혼 소식을 처음 주변에 알렸을 때 대부분 당황하는 기색이 역력했다. 그 누구도 우리 부부가 악화일로를 겪다가 반드시 제거해야 목숨을 보전할 수 있는 암덩어리처럼 관계의 끝에 다다랐다고는 예상하지 못한 모양이었다.

원론적으로 결혼은 성숙한 두 사람이 만났을 때 해야지 잘 산다고 한다. 그런데 문제는 자신이 성숙한 사람인지 자기 자신을 제대로 아는 사람이 드물다는 데 있다. 숫자로 떨어지도록 점수를 매길 수 있는 인간 성숙도 테스트가 있지도 않고, 미성숙한 상태에서는 자기 객관화를 제대로 할 수도 없으니까. 결국, 미성숙한 두 사람이 자신과 서로를 성숙한 어른이라고 착각하고 결혼을 선택할 때, 조만간 닥칠 결혼의 비극은 예정된 수순이다.

이 비극은 거슬러 올라가면 제대로 사랑받지 못하고 자란 부모가 다시 그들의 자식에게 온전한 사랑을 베풀지 못하는 데 본질이 있다. 자식 입장에서는 부모처럼 제대로 된 사랑을 받아본 적이 없으니 사랑의 본질과 속성을 잘 알지 못한다. 부모에게 느낀 불완전한 사랑을 온전한 사랑이라고 믿고 착각하고, 연애 또는 결혼 상대를 선택한다. 그와 나누는 반쪽짜리 사랑을 온전한 사랑이라고 오해하고 심지어 눈을 감고 그 수준에 만족하고 살아간다. 부모가 나에게 했듯이 자식에게 다시 온전한 사랑을 물려주지 못하고, 불행한 가정은 결국 대물림된다.

특히, 부모로부터 정서적으로 독립하지 못한 딸은 아버지와 비슷한 사람을 만나서 결혼할 확률이 높다. 대체 딸은 왜 그토록 원망하던 아버지와 비슷한 사람을 만나서 부모의 불행한 결혼생활을 반복할까. 이 글은 달리 말하면 착하고 똑똑한 여자가 왜 이상한 남자를 만나서 망하는 결혼을 하는지에 대한 이야기가 될 것 같다.

부모님과 헤어지는 중입니다

열한 살 즈음이었을까. 입 밖으로 내뱉지는 않았지만 어린 나이에도 '엄마처럼 똑똑하고 좋은 사람이 왜 아빠처럼 학력도 낮고 이상한 소리나 해대고 직업도 별로인 볼품없는 사람과 결혼했을까', '마음씨가 착한 것 빼면 아무것도 없는 아빠를 만나서 왜 저렇게까지 고생을 자처해서 살고 있는지 이상하다'라는 의문을 품었다.

그런데 나야말로 착한 것 빼면 아무것도 없는 사람과 사랑에 빠져서 예정된 불행한 결혼 속으로 기꺼이 뛰어들고 말았다. 직업, 학력, 소득, 가정환경 등은 물론이고 무엇 하나 나보다 나을 게 없는 사람이었다. 내가 어렸을 때 엄마를 바라봤듯이 누구나 "대체 왜 그런 사람과 결혼을? 안 맞아도 너무 안 맞잖아!"라고 할 만한 맞지 않는 결혼이었다. 심지어 전남편도 종종 "너 같은 사람이 나를 왜 만나느냐?" "대체 나와 왜 결혼했느냐?"라고 물을 정도였으니, 우리가 애초에 맞지 않는다는 사실은 나를 제외한 세상 모든 사람이 알고 있었던 것 같다.

나는 열한 살 어린 나이에도 사회적 지위나 통용되는 직업의 귀천을 명확히 인식했다. 일찍이 옳고 그름을 분간하고 괜찮은 사람과 이상한 사람을 분별하는 능력도 갖추고 있었다. 그런데 왜 막상 배우자를 선택할 때 분별력을 잃고 배우자로 피해야 할 유형의 사람인 아버지와 비슷한 사람을 고르는 실수를 저질렀을까.

이혼 뒤 지금껏 맺어온 인간관계를 하나씩 되돌아봤다. 친밀한 관계를 맺고 있는 가까운 친구들은 여러모로 나와 비슷한 면이 많았다. 짧게는 10년에서 길게는 30년 가까이 오랫동안 적정한 거리를 유지하며 안정적인 관계를 형성하고 있었다. 그런데 내가 선택한 인간관계 가운데 전남편만이 유일하게 나와 아주 많이 다른 사람이었다. 전남편은 놀랍게도 나보다도 더 나를 낳아준 아빠, 엄마와 닮은 점이 많은 사람이었다.

내 결혼생활은 5:1의 싸움이었다고 정의하고 싶다. 여러 상황에서 나를 제외한 전남편, 엄마, 아빠, 전 시부모님까지 다섯 명은 거의 의견이 같고, 생각이 잘 통했다. 결혼 전에는 엄마, 아빠 두 사람에게만 내가 별종이었는데, 결혼 뒤에는 나머지 세 명까지 합세해서 다섯 명 모두 나를 특이하고 유별난 애 취급을 했다. 극보수 가부장주의 다섯 명에게 합리적이고 실용적인 내 의견은 이기적인 잘못된 행동이었다. 혼나야 마땅한데 애가 아직 철이 덜 들어 뭘 모르니까 자신들이 넓은 아량으로 봐주는 것이었다. 친정엄마마저 나의 행동을 지적하고 꾸짖은 결혼생활은 4년 내내 사무치게 외로웠고 억울함의 연속이었다.

특히, 갈등이 극에 달했던 명절은 아직도 트라우마로 남아있다. 이제는 더 이상 아무 눈치를 보지 않아도 되는데 명절이 다가오면, 가슴은 답답하고 숨이 막히는 것 같은 신체 증상이 나타나서 여전

부모님과 헤어지는 중입니다

히 고통스럽다.

아버지를 향한 어쭙잖은 애정과 죄책감을 떨쳐내지 못해서 결혼 상대를 무의식중에 나 자신이 아니라 아버지 즉, 우리 집안에 더 어울리는 사람을 선택했다고 이혼 뒤 뒤늦게 무수한 자기 통찰 끝에 깨달았다. 더 솔직하게는 이상한 소리를 해대는 주정뱅이 아버지를 최소한 무시하지 않고 상처 주지 않을 만한 사람을 고르다 보니, 나와는 당연히 어울리지 않는 상대를 고를 수밖에 없었다. 나와 아버지는 아주 많이 다른 사람이니까. 기름과 물처럼 섞일 수 없고 가치관의 차이가 커서 싸울 수밖에 없는 사람이니까. 그런데 중독에 취약하고 애정결핍이 심해 자식에게 끝없는 애정을 갈구하는 아버지의 기대를 저버렸다는 죄책감 때문에, 결혼을 하면서 나도 모르게 한 번쯤은 효녀가 되고 싶었던 모양이다. 좋은 배우자로는 부적합한 아버지의 영향력을 벗어나지 못해서 즉, 괜찮은 이성상이 어떤 사람인지 부재한 채로 순진하게 성장해서 인생에서 가장 중요한 순간에 다음과 같은 왜곡된 사고를 하고 말았다.

'배우자의 학력과 직업은 상관없어. 아버지도 학력이 낮지만, 우리 부모님도 행복하게 잘 살고 계시잖아. 사람이 나만 바라보고 아버지처럼 진실되고 예의 바르고 책임감 강한 사람이면 되었지. 경제력은 나도 있으니까 사람이 직업이 있고 빚만 없으면 됐지, 뭐. 무엇보다 착하고 나에게 잘 맞추는 사람이잖아. 그 사람이 부모님께 받은 상처를 치유해주고 싶어. 나도 아버지에게 받은 상처가 다 아물지 않았으니까. 서로 사랑하고 보듬고 위해 주면서 그렇게 살아가면 될 거 같아.'

이런 선하기만 한 마음으로 장밋빛 렌즈를 끼고 지독한 자기합리화를 거쳐 오로지 사랑 하나에만 기대서 결혼이라는 중대사를 섣불리 결정하고 말았다. 무한 아빠 긍정론자인 엄마의 영향으로 사회적으로 직업도, 학력도 인정받지 못해 열등감에 사로잡혀 사는 아빠의 치명적인 다른 면모에 눈감고 말았다. 자존감 낮은 엄마의 왜곡된 긍정 렌즈의 영향으로 이런 아빠를 만나 엄마가 겪은 마음고생은 전혀 눈치채지 못했다. 두 분이 행복하게 잘 살고 있다는 착각 속에 빠져서 결국 아빠와 비슷한 사람을 선택하고 말았다.

딸은 왜 아버지 같은 사람을 만나서 결혼하는가? (2)

결국, 나는 무의식중에 아버지와 비슷한 사람을 선택해서 엄마의 불행한 결혼생활을 고스란히 재연했다. 아버지처럼 사회적으로 무시 받는다는 극심한 열등감에 사로잡혀 가정에서 가부장의 권위를 인정받기를 바라고, 거의 모든 일을 상의 없이 독단적으로 결정하고 통보하는 독재자적인 기질이 강하며, 긴장도과 불안도가 높아 스트레스에 취약하고, 순간적인 쾌락을 참지 못해 술을 안 마시는 대신 게임 중독 초기 증상을 보이며, 무기력하고 애정결핍이 심해 배우자에게 심리적인 의존도와 통제하려는 욕구가 지나치게 높은 사람을 만나서, 자존감은 낮은데 완벽한 아내 역할을 해내야 한다는 의무감으로 살아온 엄마처럼 이해 불가인 상대방을 이해하려고 부단히 노력하며, 존중받지 못한다는 자각도 없이 숨 막히게 억압받는 결혼생활을 원래 다 그런 건 줄 알고 버텼었다.

엄마는 결혼 전 아빠가 술을 많이 마시고 주사가 심한지 몰랐다고 즉, 알코올 의존증인 줄 몰랐다고 거듭 강조하고는 했다. 나도 결혼 전 전남편이 게임 중독 초기에 극보수 가부장주의자인 줄 미처 몰랐다. 엄마와 나는 배우자의 치명적인 단점을 자각하지 못하고 결혼한 과정까지 닮아 있었다.

내 경험에 비추자면 엄마는 아마도 연애할 때 아빠의 알코올 의존증 낌새를 은연중에 느꼈을 것이다. 다만, 사람이 다정하고 성실하고 책임감 있어 보여서 이만한 결혼 상대가 없다는 생각에 사소한 불행의 징조를 무시했을 가능성이 크다. 내가 딱 그랬으니까.

전남편의 극보수 가부장주의는 눈치채지 못했지만, 게임 중독 초기라고 할 만한 행동은 이미 알고 있었다. 연애할 때는 데이트하는데 별 지장은 없었고, 최소한 사회생활을 수행하는 데는 문제가 없어서 대수롭지 않게 넘겨버렸다. 결혼 뒤 일하는 시간을 제외한 아침, 저녁, 주말 등 거의 모든 시간을 스마트폰과 컴퓨터만 붙들고 있으리라고는 상상을 못 하기도 했었고.

왜곡된 긍정 프레임이 무서운 이유는 현실을 실제보다 지나치게 좋은 쪽으로 바라본다는 점이다. 지나친 긍정 렌즈를 끼고 세상을 바라보면 자신에게 독이 되는 관계조차 '그럴 만한 이유가 있을 것'이라며 합리화를 거쳐 자꾸 이해하고 수용하는 데 에너지를 쏟게 된다.

나는 자존감이 낮아서 가진 능력보다 자신은 낮춰보고 상대방은 부풀려 과대평가하는 데 익숙하다. 소위 말하는 순진한 호구로 전락하기 십상이다. 연인을 고르는 눈이 형편없다. 즉, 기준이 너무 낮다. 주변에서 "너처럼 갖출 거 다 갖춘 사람이 왜 한참 모자라는 사람을 만나니?" 같은 충고를 들어도 무슨 말인지 당최 이해하지 못한다.

이런 사람은 무의식중에 '최악을 피하면 괜찮다'라는 낮은 기준으로 세상을 바라보는 데 익숙하다. 예를 들면, 맛있거나 좋아하는 음식이 아니라 굶주림을 면할 정도로 음식을 먹으면 충분하다고 생각한다. 이를 연인이나 배우자를 선택하는 방식에 적용해 보면, 자신에게 조금만 잘 대해주거나 맞춰줘도 상대방은 괜찮고 좋은 사람이라고 쉽게 단정 짓고 호감을 내비치곤 한다.

내 경우 왜곡된 시각도 더해졌다. "너희 아버지는 술만 안 먹으면 참 괜찮은 사람인데"라는 말을 듣고 자란 영향으로 치명적인 단점을 긍정적인 사고로 덮는 데 익숙했던 것 같다. 그래서 "그 사람은 돈 못 버는 것만 빼면 착하고 참 괜찮은 사람이야"라며 상대가 생활력이 약한 점도 개의치 않고, 긍정 회로를 돌리며 불행 속으로 기꺼이 뛰어들었다.

사람과 세상을 판단하는 기준이 낮을 때 사람을 사귀는 방식을 '매슬로우의 욕구 5단계' 이론으로도 적용해 보려고 한다. 매슬로우의 욕구단계설은 인간의 욕구가 중요도별로 일련의 단계를 형성한다는 이론이다. 매슬로우는 하나의 욕구를 충족하면 위계상 다음 단계에 있는 욕구가 나타나 이를 충족하고자 한다고 주장한다. 욕구의 단계는 1단계 생리적 욕구, 2단계 안전의 욕구, 3단계 애정과 소속 욕구, 4단계 존중의 욕구, 5단계 자아실현의 욕구로 구분된다. 인간의 욕구는 복합적으로 형성되어 있고, 모든 상황에서 이 단계를 순차적으로 진행하지는 않는다. 그러나 기본적인 욕구 충족 측면에서는 넓게 보면 욕구단계설은 일견 타당하다고 생각한다.

자존감이 낮아서 자신은 실제보다 작게 보고 상대방은 부풀려서 과대평가하는 데 익숙하면, 3단계인 애정과 소속 욕구를 연인에게 충족하면, 그보다 상위 단계인 4단계 존중의 욕구, 5단계 자아실현 욕구를 상대방과 맞춰 나가며 충족할 수 있는지, 같이 실현할 수 있는지는 잘 고려하지 않는다. 약간의 애정과 따뜻함을 느끼면 상대가 나를 진정으로 존중할 만한 사람인지, 대화가 제대로 통하고 있는지, 장래성은 있고 신뢰할 만한 사람인지, 가치관이 비슷한지 등은 제대로 살피지 않는다.

학대 가정에서 자란 사람이 아버지 같은 사람을 피해서 배우자의 따뜻하고 자상한 면이 좋아서 결혼을 한다. 그런데 결혼 뒤 배우자는 돌변해서 아버지처럼 폭력 성향을 띠고 그토록 벗어나고 싶었던 학대받는 상황에 다시 놓였음을 깨닫는다. 좋든 싫든 부모는 가장 내밀하고 밀접한 관계를 형성한 사람들이다. 그래서 또 다른 내밀하고 친밀한 대상인 연인과의 관계에서 부모와 맺었던 관계를 재연할 확률은 대단히 높다. 부모에게 제대로 사랑받지 못해 자존감이 낮은데 순응적이라 착하기까지 한 사람은 사랑하는 사람의 사소한 친절에도 감동하고, 소중한 상대방이 자기 자신보다 유난히 커 보이니까.

사회적으로 인정받고 능력 있는 자존감 낮은 여자가 아버지처럼 무능력한 나르시시즘 성향의 남자를 만나서 인생 망치는 이야기는 생각보다 흔하다. 왜 이런 일이 반복해서 벌어지는지 조금 더 일반화해보려고 한다.

이제는 자기소개서를 '근엄하신 아버지와 자애로운 어머니 밑에서 성장했으며~'라고 시작하면 탈락이지만, 근엄한 아버지/인자한 어머니 프레임은 많은 가정에서 여전히 견고한 것 같다. 근엄한 아버지는 근면 성실하고 가장으로서 책임감도 강하지만, 사회에서 자신은 왜소하고 무시 받는 것만 같다. 자신의 무너진 자존심을 가정에서 가장으로의 권위를 인정받고, 자녀의 애정으로 회복하고자 한다. 그러나 자녀들은 부모에게 생존을 위해 의존할 뿐 부모의 심리적 결핍을 충족시키지 못한다. 부모가 자녀에게 인정 욕구를 채우고 애정결핍을 해소하려는 심리적 보상을 요구할수록 자녀는 부담감을 느끼고 부모를 더 멀리한다. 아버지는 자식이 자신을 행복하게 해주고 자신을 위해서 살아 주기를 바라지만, 그런 일은 벌어지지 않는다. 가정이 자기 위주로 운영되기를 바라는 가부장적인 아버지는 자신은 가족을 위해서 사는데, 가족들은 자신을 인정하지 않고 무시하는 것만 같다. 결국, 정신적 공허함을 가장 손쉽게 달랠 수 있는 술로 도피해서 아내, 자식과의 사이는 더 멀어진다.

자애로운 어머니는 아내와 엄마 역할에 충실하고자 남편과 자식들의 마음을 이해하려고 노력하지만, 둘 다 실패한다. 술로 도피한 남편과는 더는 대화가 제대로 통하지 않으니 자식에게 심리적으로 의존해 위로를 받으려고 한다. 남편을 향한 무력감을 보상받고자 자녀 양육에 매달리고, 자식을 정신적으로 통제하고 소유하려고 한다. '자신은 자식을 위해 산다'라며 완벽한 엄마가 되려고 집착한다. 아버지의 불합리한 요구를 맞추느라 감정을 억압하고 어딘가 힘들어 보이는 엄마는 안쓰러워 보인다. 나중에 병원에서 검사를 받아 보면 대부분 우울증과 화병을 앓고 있다는 진단이 내려진다. 자식들은 늘 엄마의 감정을 살피고 기분을 맞추느라 정서적으로 제대로 자립하지 못한다. 특히, 엄마는 같은 성별인 딸에게 더 많은 공감과 이해, 감정적 지지를 요구한다. 딸은 엄마의 감정쓰레기통 역할을 하며 이해 불가한 것을 납득하려고 노력하는 데 익숙해지고, 자존 감은 점점 낮아진다.

이처럼 자신의 감정을 다루는 데 미숙하고 서로 불통인 부모를 둔 수많은 자식이 부모처럼 미성숙하고 자기 객관화가 덜 된 채 배우 자를 선택한다. 딸은 무의식적으로 아버지와 비슷한 사람을 만나서 결혼하고, 아들은 결혼한 뒤 자신이 가정에서 보고 배운 대로 가부 장적인 아버지가 하던 말과 행동이 불쑥 튀어나온다. 아들은 아버 지가 어머니에게 했듯이 은근히 부부의 주도권을 차지해, 아내보다 좀 더 높은 위치에 서려고 한다. 자기 눈에 안쓰러운 엄마를 이제는 자신과 가장 친밀한 관계인 아내가 챙겨주길 바라며, 아버지가 어 머니에게 했듯이 아내에게 슬쩍 의무감과 책임을 떠넘기기도 한다.

성별에 상관없이 평등한 교육을 받고 동등한 관계를 맺고 살아온 딸들은 결혼 뒤 쓰나미처럼 밀려오는 온갖 불합리한 요구와 인식, 상황이 혼란스럽기만 하다. 부모에게 정신적 독립이 되어 있지 않 으면, 자존감 낮은 엄마가 나르시시즘 성향 아버지에게 했듯이 남 편의 무리한 요구에 맞추려고 애를 쓰며 점점 자신을 잃어간다. 새 로운 시대에 새로운 가치관으로 무장한 2030 젊은이들이 결혼만 하면 희한하게 구닥다리 가치관을 좇으며 불행한 부모의 결혼생활 을 반복하고 만다.

눈에 보이지 않는 부모의 정서적인 학대는 자신이 학대받고 있다는 자각을 하기 결코 쉽지 않아서 위험하다. '사랑한다'고, '너를 위한 일'이라며 오랜 기간 교묘하게 정신을 지배해서 통제하고 이성적인 판단을 마비시키기 때문이다. 정서적 지배를 받고 있다고 깨달더라도 평생 잠식되었던 불편하고 혼란스러운 감정에서 벗어나기 매우 어렵다.

이 상태에서 벗어나지 못하면 다른 친밀한 인간관계에서도 온전치 못한 사랑을 진정한 사랑이라고 착각할 수 있다. 거리를 두거나 벗어나야 할 사람을 가까이 두고 건강하지 못한 의존적인 관계를 맺으며 살아갈 수 있다. 자칫, 자신이 잘못하지 않은 일에 과도한 죄책감과 책임감을 느끼며, 평생 누군가의 감정 노예를 자처할 수도 있다.

일찍이 부모에게 완전히 독립한 현명한 이들은 이를 잘 알고 있어서, 연인관계에서 섣불리 결혼하지 않고 적절히 거리를 조절하며 좋은 관계를 유지했나 보다. 나는 돌고 돌아 큰 비용을 치르고 이제야 뿌옇고 탁한 안개가 걷히고 비로소 내 인생이 보이는 것 같다.

Chapter 3

착한 아이 콤플렉스에서 벗어나기

왜 '착한 아이'이고 싶었을까?

어느 주말에 친구 집에 놀러 갔다. 올해 여섯 살이 된 친구 아들은 친화력이 얼마나 좋던지, 돌 전에 한 번 보고 처음 만나는데 낯선 기색이 전혀 없었다. 열렬한 환대를 마치고는 다짜고짜 최근 자신이 빠진 카드 게임을 같이 하자고 했다. 아이들은 어른과 달리 누군가와 쉽게 친구가 되는 것 같다.

사람에게 마음을 쉽게 열지만 아이는 역시 아이라서 이기고 싶은 마음에 게임을 자신에게 유리하게 적용하기도 했다. 자기중심적으로 고집을 부리며 게임 실력을 인정받고 싶어 하는 강렬한 욕구가 느껴졌다. 그 모습이 귀엽고 나 어렸을 때 생각도 떠올라 슬쩍 넘어갔다가 억지가 심하다 싶으면 "계속 그렇게 규칙을 어기면 더는 같이 게임을 할 수 없다"라고 단호한 의사표시도 하며, 왁자지껄 즐거운 시간을 보냈다.

식사 시간이 다가와서 게임을 마무리하고, 여기저기 너저분하게 널린 카드들을 정리하다가 나도 모르게, '우리 주원이 착하네'라는 말이 튀어나올 뻔했다. 하지만 착하다는 단어를 의식적으로 잽싸게 주워 담고, "주원이 게임만 잘하는 줄 알았더니 정리 정돈도 잘하는구나"라고 바꾸어 말했다. 이 상황에서 어른으로서 아이에게 제대로 된 칭찬을 건넨 것인지는 모르겠다. 하지만 적어도 '착하네'라고 뭉뚱그린 무성의한 칭찬보다는 나았을 것이다. 어른에게 인정받고 싶은 욕구가 강한 시기의 아이에게 '착하네'라는 애매모호한 칭찬 한마디는 치명적인 독이 될 수 있다.

나는 왜 착한 아이가 되고 싶었을까. 이십 대 중반, 회사에 갓 입사한 어느 날, 평소보다 한 시간 정도 일찍 회사에 출근하고 있었다. 출근길 혼잡을 피하고 아무도 없는 조용한 사무실에서 책이나 좀 읽으려는 계획이었다. 엄마가 이유를 묻길래 설명을 하자 "착하네"라는 한마디가 돌아왔다. 고개를 갸우뚱하게 하는 엄마의 뜬금없는 반응에 뭔가 석연치 않았지만, 그때는 찜찜한 감정의 이유를 알지 못했다. 엄마에게는 다 큰 자식이 자기 인생을 위해서 자기 계발을 하는 행동조차 여전히 착한 일이었던 것이다. 어렸을 때 기억은 대부분 소실되었지만 어린 시절, 부모의 뜻대로 행동했을 때 돌아왔을 착하다는 칭찬과 반응에 나는 얼마나 길들여진 것일까.

여지없이 나는 부모님과 어른들의 '착하다'라는 말에 길들여져서 그들의 욕구를 채워주고, 욕망을 대변하는 데 익숙한 어른으로 성장했다. 신체적, 사회적으로는 어른이지만 어른들의 사고방식과 틀 안에 갇혀서 사실 진정한 어른으로 불리기는 부끄러운 사람이었다. 지금까지 부모로부터 욕구나 욕망을 제대로 보살핌을 받거나 인정받은 경험은 거의 없었다. 아이로서 또는 인간으로서 가질 만한 욕심이나 철없는 생각들은 철저히 외면되거나 부정당했다. 어렸을 때 그 흔한 어리광을 부려본 적이 없어서 사실 어리광을 부리는 아이의 마음을 잘 공감하지 못한다. 아이에게 어리광은 자연스러운 행동이라고 이해하지만, 막상 아이가 이런 행동을 보이면 어떻게 반응하거나 달래야 할지 난감하기만 하다. 만일, 어른인데 어리광을 부리는 사람을 마주한다면 강한 거부감이 들고, 매우 불편해서 나도 모르게 표정이 굳어버리곤 한다.

어린 시절 부모님의 생각이나 능력치를 조금이라도 벗어나는 것을 요구할 때면 "세상은 네가 하고 싶은 대로만 하고 살 수 있지는 않다"라는 훈계가 돌아오곤 했다. 이 말을 처음 들었을 때가 열 살도 되기 전이었던 것 같다. 아이의 시선으로도 세상에는 분명히 멋지고 즐거운 일들이 많고, 물질적으로도 더 값어치 있는 것들이 존재하는데, 이것들을 탐내는 것은 바람직하지 않다고 부정당해 버렸다. 고기반찬을 먹고 싶어 하거나 반찬 투정을 할 때면 부모님은 어김없이 굶어 죽는 아프리카 아이들을 소환했다. 욕망을 있는 그대로 드러내거나 솔직할수록 나는 굶어 죽는 환경을 면한 감사함을 모르고 자꾸 더 좋은 것, 높은 곳을 쳐다보며 불만불평을 늘어놓는 요구가 많은 까다롭고 버릇없는 아이가 되어버렸다.

이런 불편한 상황에서 반복적으로 좌절을 경험하고 감정을 부정하는 데 길들여지면 아이는 결국, 자신의 욕구를 강하게 억압해서 마음 깊은 곳으로 봉인해버리고 만다. 어른이 되어서도 인간이라면 누구나 추구할 수 있는 더 많은 돈, 더 높은 지위, 더 나은 삶 등의 '욕망을 욕망하는 것'에 죄책감을 갖는다. 어른으로서 자신이 원하는 선택을 한다고 믿지만, 실은 그렇지 않다. 무의식중에 자신의 욕구가 아닌 부모의 욕구와 기대를 만족시키는 선택을 반복하는 착한 아이 상태에 머물러있다. 자존감이 낮아서 자신의 감정을 확신하지 못하고, 심지어 자신의 능력치보다 한참 낮은 직장을 얻거나 배우자를 잘못 선택하는 실수를 저지르기도 한다.

부모님은 도덕적, 사회적으로도 착하고 바르게 살기를 강조했다. 학교에 대한 믿음과 선생님을 존경하는 신념이 강해서 어떤 경우라도 선생님 말씀을 잘 듣기를 누누이 말해왔다. 세상에는 선한 사람들만 존재하지 않는데, 순진한 부모님은 착하고 바르게만 살

면 언젠가 다 자신에게 돌아온다는 이상적인 신념이 강한 분들이
었다. '지는 것이 이기는 것'이라는 가치관에서 더 나아가 심지어
'조금은 손해 보고 사는 것이 인생 전체로는 이득'이라는 호구 되
기 십상인 자기합리화를 강요하기도 했다. 자신들도 결국은 누적
된 억울함을 풀 길이 없어서 술에 찌들고 무력한 우울의 늪에 잠식
되었으면서 말이다.

부모 말을 잘 듣는 착한 아이답게 도덕적으로도 착하고 바른 사람
이 되고자 노력했다. 선생님을 비롯한 어른들의 말씀을 늘 귀담아듣
고, 그들의 기대에 부응하는 것이 당연하다고 믿었다. 어른도 불완
전하기만 한 존재인데, 최근까지도 인생을 더 산 사람은 나보다 더
나은 사람일 것이라고 믿으며 무조건 존중하려고 했다. '지는 것이
이기는 것'이라는 생각으로 감정이 상하거나 손해를 보는 것 같더
라도 겉으로 잘 드러내지 않았다. 무시하거나 회피하고, 오히려 양
보하거나 내 것을 내어주는 경우까지 있었으니 친구나 주변 사람들
과 갈등을 빚을 일도 거의 없었다.

만일 내가 학교에서 친구와 다퉜다면 부모님은 어떻게 대처했을
까. 우선 자초지종을 듣거나 내 감정을 살필 생각은 하지 못하고,
'친구와는 사이좋게 지내야 한다'라는 원론적인 신념만을 내세워
분명히 나를 꾸짖고 탓했을 것이다. 이처럼 지나치게 경직된 가치
관을 고수하는 부모님에게 감히 속 깊은 감정이나 욕망을 마음 놓

고 드러낼 수 없었다.

나는 누가 보더라도 착하고 바르고 얌전한, 손색없는 아이였다. 단, 부모님을 제외한 거의 모든 사람들에게 말이다. 부모님이 겉으로 보이는 반응에서 나는 항상 부족하고 기대에 미치지 못하는 아이여서 이미 충분히 착하고 오히려 너무 착해서 탈일 지경인데도 더 착한 아이, 착한 사람이 되어야 한다는 집착과 강박에 아주 오랫동안 사로잡혀 있었다.

내가 만일 착한 아이가 아니었다면 어떤 아이가 되었을까. '착하다'의 반대말은 무엇인가. 희한하게 '나쁘다'가 가장 먼저 떠오른다. 착한 아이로 어른들의 칭찬과 인정을 받거나, 나쁜 아이로 부모 속 썩이는 골칫덩이가 되거나. 선택지가 두 가지밖에 없는 상황에서 나를 포함한 대부분의 아이들은 착한 아이가 돼 어른들의 인정을 받고자 했을 것이다. 그렇지 않으면 자신은 나쁜 아이가 되어버리고 마니까.

아이가 아니더라도 사실 대부분의 사람은 착한 사람은 되지 못하더라도 나쁜 사람이 되고 싶어 하지는 않는다. 타인에게 상처를 주고 사회적, 도덕적으로 나쁜 행동을 저지르고도 타인의 시선에서 자신이 나쁜 사람으로 비치지 않기를 갈망한다. 저지른 악행이 적나라하게 드러나 나쁜 인간으로 규정되면 수치심을 덮고자 강력히 저항하며 부정하는 의미로 거대한 분노를 표출하기도 한다. 세상에 상처를 입은 피해자는 수두룩한데, 자신이 가해자라고 순순히 인정하는 사람은 극히 드물다. 실제 가해자도 자신은 억울하다며 나쁜 사람이 되기를 거부하는데, 인정과 칭찬에 민감한 시기인 아이들은 부모나 어른을 실망시켜 나쁜 아이가 되는 길만은 더욱 피하고 싶지 않을까.

그럼, '나쁘다'의 반대말은 무엇인가. '착하다'인가. 이때는 또 희한하게 '좋다'가 가장 먼저 떠오른다. 문득, '착하다'의 반대말은 '나쁘다'가 아니라 그저 '착하지 않다' 정도가 아닐까 싶은 생각이 들었다. 착한 아이가 되지 못하면 나쁜 아이로 전락하는 것이 아니라 그저 착하지 않은 아이이거나 덜 착한 아이일 뿐이었다. 그런데 부모님은 착한 아이가 아니면 나쁜 아이라는 프레임에 나를 가두고 자기들 편한 대로 길들이고 조종해 왔다. 정작 자신들은 착한 어른도 나쁜 어른도 아닌, 그냥 어른에 불과하면서. 아니, 그들은 자식(아이)의 성장을 방해한 치명적인 독이었고, 나쁜 부모(어른)에 가까웠다.

대한민국의 젊은이 중 상당수는 착한 아이 콤플렉스에 사로잡혀 있다. 내 주위에 이런 사람이 유독 몰려 있는 것이 아니라면, 주관적인 판단으로 세 명 중 두 명은 안정적인 심리를 기반으로 안정적인 인간관계를 형성하고 있고, 세 명 중 한 명은 나처럼 착한 아이 콤플렉스에 사로잡혀 불안정하고 혼란스러운 심리 상태에서 벗어나지 못하고 있다. 아니, 주변을 둘러보면 젊은이에 한정되지 않고 중장년층, 노년층에서도 나이는 마흔 살, 쉰 살을 훌쩍 넘고 어느덧 백발이 성성한데도 정신은 일곱 살 착한 아이에서 벗어나지 못한 사람들이 너무 많다. 우리 부모님 등을 포함해서 말이다. 이러한 정신적 미성숙과 심리적 빈곤은 한 세대 아래로 똑같이 대물림되고 있다. 세상이 급변하는 것 같지만, 우리가 변함없는 불행에서 쉽게 벗어나지 못하는 이유이기도 하다.

'사람은 참 착해'라는 말의 함정

우리는 착하고 선한 사람을 좋아하고 가까이 두고 싶어 한다. 가끔 전 재산 몇백억을 기부했다든가, 길을 지나다가 곤란한 상황에 처한 사람을 용기 있게 도왔다든가 하는 선행을 베푸는 사람들의 이야기를 들을 때면 '그래도 세상은 여전히 살 만한 곳'이라는 생각이 든다. 타인의 불행을 아파하고 진정한 도움이 되고 싶은 마음, 이 마음이 착하고 선한 마음이다.

선한 마음에 대한 연구는 오래전부터 있었으며, 대표적으로 2300년 전 맹자의 '사단론'을 들 수 있다. 맹자는 사람은 본래부터 선한 마음을 지니고 있고, 선을 싹 틔우는 네 가지 단서가 있다고 했다. '사단(四端)'이란 측은지심, 수오지심, 사양지심, 시비지심이다.

부모님과 헤어지는 중입니다

측은지심(惻隱之心) : 타인의 불행을 아파하는 마음

수오지심(羞惡之心) : 부끄럽고 수치스럽게 여기는 마음

사양지심(辭讓之心) : 타인에게 양보하는 마음

시비지심(是非之心) : 선악과 시비를 판별하는 마음

흔히 착한 사람이라고 섣불리 단정 짓기 쉬운, 타인이 보기에 예의가 바르고 매너가 좋은 사람, 자신의 이야기를 잘 들어주고 잘 맞춰줘 말이 통한다고 믿는 사람, 순종하며 갈등을 회피하고 생각을 포기해서 순해 보이는 사람은 사단 중 어디에도 해당하지 않는다. 그런데 나는 이런 사람들을 착하다고 생각해서 특히 아주 가까운 인간관계에서 그릇된 판단을 해왔다.

'사람은 참 착해', '그래도 애는 착하니까 괜찮겠지' 이를 냉정하게 말하면 착한 면모를 제외하면 볼품없는 사람이라는 의미이다. 착한 면모를 제외하면 자신의 마음에 썩 들지 않는 사람이라고도 할 수 있다. 내가 바로 '사람은 참 착해'라는 한 가지 면모에 천착해서 나머지 아흔아홉 가지의 부족한 점들을 무시하고 배우자를 선택하는 일생일대의 실수를 저지른 사람이다. 내가 가진 99%의 가치는 평가절하하고, 오로지 1%의 결핍을 채우는 데 골몰해서 균형을 잃고 잘못된 선택을 하고 말았다.

그런데 과연 상대방이 정말로 착한 사람이었나 생각해 보면 그렇

지도 않다. 그는 과거에 내가 착각한 기준에서는 착한 사람이지만, 현재의 시각으로 보자면 착한 척을 한 악한 사람에 더 가깝다. 같은 사람을 어떻게 이토록 다르게 평가할 수 있는지 '사람은 참 착해'라는 말의 함정을 하나씩 짚어보겠다.

첫째, 우리는 흔히 자신의 이야기를 잘 들어주고 의견이 일치하는 사람을 말이 통하고 잘 맞는다며 착한 사람이라고 착각하는 경향이 있다. 지극히 자기중심적인 사고로 어쩌면 제 마음을 잘 읽어주는 카사노바 같은 사람을 착한 사람이라고 믿고 있는지도 모른다. 나도 전남편이 이야기를 잘 들어주는 말이 잘 통하고 잘 맞는 사람이라고 믿었으니까. '자신은 말수가 적은데 내가 얘기를 많이 해서 좋고, 내 말을 듣는 것이 즐겁다'라고 해서 정말 그런 줄 알았으니까.

이야기를 잘 들어주는 사람이 착한 사람인가. 그 사람은 그냥 이야기를 잘 들어주는 사람이다. 요즘 내 이야기에 진정성 있게 귀를 기울이는 사람은 심리상담사 선생님과 단골 음식점 사장님들이다. 그런데 과연 이분들이 착한 사람이라고 할 수 있을까. 이야기를 경청한다는 하나의 잣대로는 착한지 악한지 제대로 평가할 수 없다.

물론, 전남편은 내 생각에 적절하게 호응하고 반응하기도 했지만, 내 이야기를 잘 듣고 있다고 엄밀하게 상대방이 나와 같은 의견이라고 할 수는 없다. 때로는 '잘 듣는 척'을 하고 있는지도 모를 일이다. 정말로 경청하고 동의해서 고개를 끄덕이는 것일 수도 있지만, 그저 말하는 자체도 귀찮고 언쟁이나 갈등을 벌이기 싫어서 회피하느라, 상대방이 상처받거나 과한 반대, 또는 저항할 것을 예상해서 말하지 않고 그냥 참고 가만히 있는 것일 수도 있다.

둘째, 음식점 종업원이나 택시 기사 등 서비스직 종사자께 예의를 깍듯하게 지키는 사람은 착한 사람인가. 이 또한 예의가 바르고 매너가 좋은 사람이지, 착한 사람인지 아닌지를 판단할 수는 없다. 사람을 무시하지 않고 예의를 지키는 태도는 기본 매너이다. 당연한 일을 하는 것뿐이다. 갑질이 왜 갑질인가. 잘못된 행동이기 때문이다. 서비스직 종사자를 무시하고 갑질하는 사람이 이상한 것이지, 예의를 갖추고 갑질하지 않는다고 착하고 좋은 사람일 수는 없다. 더군다나 친절한 매너가 마음에서 우러난 행동인지, 사실 군림하고 싶은 마음이 굴뚝같은데 타인의 시선을 의식해서 자제하고 사회적으로 학습한 대로 정상처럼 보이게 행동하고 있는지 속마음을 알 길은 없다.

한편, 아무런 관계가 없는 완전한 타인에게 착하고 상냥하게 대하는 일과 친밀한 관계를 맺고 있는 가까운 사람에게도 착하게 행동하는지는 별개의 문제이다. 겉과 속이 다른 사람에게 피상적으로 잠깐 좋은 사람인 척 친절하고 상냥하게 행세하는 건 식은 죽 먹기에 불과할 테니까.

마지막으로 많은 경우, 순종하고 순응하는 사람을 '착한 사람'이라고 일컫는다. 자신의 생각을 내세우거나 고집하지 않고 순순히 따르는 사람, 마음에 들게 행동하고 심지어 내 마음대로 조종할 수 있다고 믿는 사람을 착하다고 착각한다. 한마디로 자신의 말이나 행동에 개입하거나 간섭하지 않을 사람, 심한 경우 아예 무관심하거나 방치하는 사람인데도 제멋대로 긍정 렌즈를 끼고 착하다고 바라본다.

그런데 세상에 자신의 생각이나 의견을 갖지 않은 사람이 있을까. 생각을 말로 뱉거나 뱉지 않거나, 의견을 강하게 피력하느냐 부드럽게 말하느냐 차이이지 이 세상에 생각이 없는 사람은 단연코 없다. 인간이라면 누구나 매 순간 어떤 식으로든 감정을 느끼고 생각을 하므로, 자기 주관이나 생각이 뚜렷하지 않은 사람을 착하다고 표현한다면, 착한 사람은 실은 착한 것이 아니라 어떤 이유로든 생각하기를 포기하기로 한 바보거나 게으른 사람이라고 할 수 있다.

특히, 어른들은 말 잘 듣는 착한 아이를 선호한다. 자신의 감정이나 생각을 드러내지 않고 어른들의 생각이나 의견에 'No'라고 대답하지 않으며 무조건 'Yes'라고 반응하는 순종적인 젊은이(또는 아이) 말이다. 그래서 젊은이가 자신과 조금이라도 다른 의견을 내비치면 단번에 고집이 세고 성격이 강하고 까다롭고 유난스러운 사람으로 치부해 버린다. 물론, 드물게 그렇지 않은 어른도 있지만, 주변을 둘러보면 어른들은 대부분 순종적인 사람을 착하다며 좋아한다.

어른들의 시선에 길들여져 순종적으로 살아가는 태도를 대물림하고 있는 젊은이들도 심심치 않게 존재하기에…. 어른들이 '착하다'라고 평가하는 사람은 어른들 앞에서 괜한 갈등을 피하고자 잠깐 '착한 척' 연기를 하는 사람인지, 여전히 아이처럼 어른에게 인정받고 싶은 욕구에서 벗어나지 못해서 진심으로 순종하는 착한 사람이 되고자 하는 사람인지 눈여겨보게 된다.

돌이켜보면 나는 전자인 사람이어서 진짜 속마음은 숨기고 착한 사람인 척 연기를 해서 전 시부모는 나와 가깝게 지내며 자신들의 외롭고 공허한 마음을 달래고자 했다. 전 배우자는 후자인 사람인데다 나 또한 자신처럼 부모님께 순종하기를 강요해 결혼 내내 갈등이 끊이지 않았고, 결국 이혼까지 이르렀다.

착한 척 연기해서 모두에게 잘못된 기대치를 심어준 것이 잘못이었을까. 좀 더 일찍 솔직했더라면, 언젠가 벌어졌을 이혼 시기를 좀 더 앞당길 수 있었을 텐데. 일찌감치 시가의 눈 밖에 나서 아예 결혼을 못 했을 수도 있고. 애써 혼신의 연기를 했다가 진흙탕에서 탈출할 좋은 기회를 다 놓치고 말았네. 에이, 아쉬워라.

엄마가 25년 산 집을 팔기로 했다

얼마 뒤면 생일이다. 이 세상에 태어난 날이다. 몇 년 전만 해도 매년 맞이하는 생일을 뭐 새삼스럽게 기념을 하나 싶었다. 이건 알아서 미역국을 끓이고 케이크를 사서 함께 촛불을 불어줄 사람이 있어서 한 물색없는 생각이었다. 7년을 함께한 연인은 사라지고, 낳아준 부모의 축하가 달갑지 않은 상황에 처하자 전과 달리 생일에 강하게 집착했다.

작년 생일(이혼 전이었다), 미역국을 끓여서 점심 먹을 준비를 하고 있는데 남편이 전날 친구 집에서 밤새 놀고 귀가했다. 같이 식사하겠냐는 물음에 그는 점심을 먹고 왔다며, 혼자 미역국을 차려 먹는 아내를 등지고 곧바로 컴퓨터 게임에 몰두했다. 이 서럽고 치사한 기억 때문인지 전에 없던 생일 결핍이 짙어졌다.

부모님과 헤어지는 중입니다

부모가 꼭 필요한 순간에 몇 번이나 버림받은 상처의 흔적을 안고 맞이하는 생일은 퍽 난감했다. 세상에 명백히 존재하는 나라는 존재를 부정당하는 기분이 들어서 슬프고 아프고 괴롭고 외로웠다. 내가 태어나고 싶어서 태어난 것도 아니고, 태어나고 싶지 않다고 태어나지 않을 수도 없는 노릇이었다. '대체 나는 왜 태어나서 기쁘고 축복받아야 할 생일마저 번민과 갈등을 겪어야 하나' 싶은 억울한 마음에 갈피를 잡을 수 없었다.

단출하고 조용한 생일을 보내던 예년과 달리 올해는 친구들과 왁자지껄한 생일을 보내고 싶다. 생일 단 하루라도 충만한 사랑이 느껴지는 따뜻한 사람들 틈 속에서 부모와 전 배우자에게 지독하게 부정당한 온당한 감정을 온전히 채워내고 싶다. 지난날의 상처 입은 결핍을 새로운 즐거운 추억으로 예쁘게 덧칠하고 싶다. 태어난 날에 다시금 환대와 축복을 받으며, 내 존재가 이 세상에 온전히 받아들여지고, 태어난 자체만으로 소중한 사람이라고 한가득 느끼고 싶다.

엄마가 현재 사는 집을 부동산에 내놨다고 했다. 이 집에 이사를 온 뒤로 우환이 끊이질 않아서 집을 팔고 춘천으로 가서 노년을 보내고 싶다고 했다. 춘천은 아버지의 고향이고, 엄마가 말한 우환에는 내 이혼도 포함돼 있었다. 이미 25년을 살았으니 집 탓을 하기에는 그 집에 너무 오래 살았다. 문제의 본질을 회피하고 애먼 탓을 하는 미신 신봉자 엄마다운 발상이었다.

엄밀하게 우리 집의 근본적인 우환은 크게 두 가지인데, 첫째는 알코올 의존증 아버지이고, 둘째는 40년 가까이 한집에 살며 아들에게 의존해 며느리를 착취하는 할머니이다. 알코올 의존증 아버지로부터 수많은 문제들이 파생되었고, 특히 우리 삼 남매는 그 피해를 고스란히 입고 고통의 굴레에서 벗어나지 못하고 있었다. 엄마는 한평생 시어머니의 며느리라는 그늘에 가려서 집안의 안주인으로서 본인의 지위를 제대로 보장받지 못한 억울함과 우울함에 사로잡혀 살고 있었다. 이 두 가지를 해결하지 않고는 어디를 가든 우리 가족은 불행을 반복할 수밖에 없었다. 가족의 실질적인 구심점인 엄마는 알코올 중독 남편, 강박증에 가까운 까탈스러운 시어머니의 정신적, 감정적 착취에서 결코 벗어날 수 없으므로. 그러나 엄마는 모든 불운을 우울한 가운데서 간혹 웃는 날도 있었던 오랜 집 탓을 하고 싶을 만큼 지쳐 있었다.

미신을 신봉하든, 현재 사는 곳이 지겨워졌든 이사를 떠나는 건 자유이다. 그런데 아버지의 반응이 의외로 뜨뜻미지근했다. 아버지는 나이 들면 시골로 내려가서 소소한 농사를 지으며 자연을 벗 삼아 살고 싶다고 누누이 말해왔다. 오히려 노년에도 수도권에 계속 머물고 싶어 한 사람은 엄마였다. 엄마는 자식을 다 키운 뒤 이곳의 인프라를 누리고 못다 한 문화생활을 즐기고 싶어 했다. 심지어 아

부모님과 헤어지는 중입니다

빠는 수도권을 고집하는 완고한 엄마를 예순이 넘으면 같이 시골 가
서 살자고 꾸준히 설득해 왔다. 지금까지 태도로 미루었을 때 아빠
는 다른 지역도 아니고 심지어 자기 고향인 춘천으로 이사 가자는
엄마의 결심을 두 팔 벌려 환영해야 마땅했다. 아빠의 미적지근하고
마뜩잖은 예상외의 반응을 도저히 이해할 수 없었다.

　의문은 오래지 않아 풀렸는데, 며칠 뒤 아빠는 난데없이 "몇백 미
터 떨어져 있지 않은 건너편 □□ 아파트와 우리 집의 평당 단가 차
이가 얼마나 나는 줄 아느냐?"고 물어왔다. 전혀 생각지도 않은 뜻
밖의 질문에 당황스러웠지만 침착하게 "둘 다 오래된 건물이고 연
식은 비슷하지만, 아파트가 아무래도 좀 더 비싸겠지"라고 대답했
다. "대지는 우리 집도 작은 편은 아니지. 하지만 아파트와 비교하
면 평당 몇백만 원에서 천만 원 이상까지도 차이가 난다고"라는 대
답이 이어졌다.
　아빠는 주택인 우리 집이 상대적으로 가격이 낮은 게 마음에 들지
않는 거였다. 막상 집을 내놓을 생각을 하니까 이 가격에는 배 아파
서 팔고 싶지 않은 거였다. 우리 가족은 내가 열두 살 때 이 집으로
이사를 왔다. 어린 나이였지만 아직도 기억하는 건 당시에 엄마는
생활의 편리성을 이유로 아파트로 이사 가기를 강력히 주장했다. 무
슨 이유인지 아빠는 아파트는 죽어도 싫다며 주택에 살겠다고 고집

을 부려서 우리 가족은 현재 집으로 이사를 오게 되었다.

당시에 별다른 논리도 없는 고집불통 아빠에게 가로막혀 엄마의 요구는 철저히 묵살되었고, 엄마는 가장이자 실소유주인 아빠의 의견을 따르지 않을 수 없었다. 그러나 정작 이사를 와서 이 집에 가장 많은 애정을 쏟고 실질적인 유지와 관리를 담당한 사람은 엄마였다. 엄마는 낡은 집을 보수하고 세입자를 관리하느라 전전긍긍 신경을 기울이고, 지난 25년 동안 갖은 스트레스를 감당했다. 아빠는 배우자의 의견은 귓전으로도 듣지 않고 자신은 하고 싶은 대로 다 하고 살았으면서, 이제 와서 집값에 집착하며 이 집에 살아온 억울함을 호소하고 있었다. 아빠의 앞뒤가 맞지 않은 위선적인 모습은 그저 어이없을 따름이었다.

아빠의 억울한 속마음은 여기서 그치지 않았다. 대뜸 "강남에 가면 테헤란로가 있지. 아마도 우리나라에서 가장 비싼 땅일걸. 거긴 평당 얼마인 줄 아느냐?"라고 묻는데, 더는 말할 의지를 상실하고 말았다. 내가 알던 아빠는 지나친 욕심을 경계하고 자족하며 사는 사람이었다. 자연을 좋아하고 예쁜 화분을 정성껏 가꾸는 소박한 즐거움을 소중히 여기는 사람이었다. 차라리 아빠가 평소에 물질적인 것에 집착하고 돈을 숭배하며 대놓고 속물근성을 드러냈으면 듣기는 싫어도 '이 사람이 또 시작이구나' 싶었을 것이다. 그런데 아빠 입에서 강남 테헤란로와 경기도 우리 집의 부동산 가격을 비교하는 말이 튀어나올 줄은 상상조차 해본 적이 없어서 순간 얼빠진 사람처럼 멍해졌다.

테헤란로는 상업 지구가 밀집한 지역이고, 우리 집은 가족들의 추억이 켜켜이 쌓인 공간이다. 아빠는 비교 불가한 두 가지를 동일선상에 놓고 비교하는 불행한 무리수를 던지고 있었다. 열두 살에 예전 살던 1층 집에서 새로운 2층 우리 집으로 이사했을 때 나는 참 좋았다. 예전에는 아빠, 엄마, 동생들과 한방에서 생활했는데, 처음으로 나만의 공간인 내 방이 생겼다. 거실은 넓고 쾌적하고, 방은 세 개에서 네 개, 화장실은 한 개에서 두 개로 늘어났다.

예전 집은 주변에 식당, 술집, 쇼핑몰, 게임센터, 모텔 등이 들어서며 점점 환락가로 변해 가서 소란스러웠다. 이사한 집은 주택가가 밀집해서 조용했고, 근처에는 운동할 수 있는 작은 공원이 있었다. 걸어서 5분 거리에는 나지막한 산이 있는데, 내 방에서 산의 푸른 나무들이 바라보였다. 책을 마음껏 읽을 수 있는 동네 도서관도 지근거리에 있었다. 아빠의 술주정을 제외하면 우리 집은 살기 좋은 환경에 위치해 있어서 한 번도 아파트에 살고 싶다거나, 더군다나 강남에 살고 싶다는 생각을 해본 적은 없었다. 이 집을 벗어나고 싶으면서 억울해서 벗어날 수도 없는 아빠의 뜻밖의 말들에 가슴이 아려왔다.

자기 혐오감, 그 내적 고통에 대해서

다음 날, 엄마는 어젯밤 아버지와 대화를 나눌 때 그는 여지없이 술에 취해 있는 상태였다고 일러주었다. 자족하며 겸손하게 사는 줄 알았던 아버지가 무려 강남 테헤란로를 갈망할 만큼 사회적 성공을 향한 집착과 끝을 알 수 없는 욕망덩어리라는 본색을 알게 된 것이 1차적 충격이었다. 이 충격의 여운이 가시기도 전에 아버지가 술 취한 모습을 평소 모습이라고 착각할 만큼 그가 늘 술에 찌들어 있었다는 사실에 걷잡을 수 없는 2차적 충격을 받게 되었다. 연속된 강한 충격으로 생각이 많아졌다.

이 글을 쓰기 전까지 나에게 아버지는 술고래일지언정 온갖 역경

속에서도 희망을 잃지 않고 오뚝이처럼 다시 일어서는 사람이었다. 누구보다 근면 성실해서 회사에서 인정받는 멋진 사람이었고, 경제적 책임을 다한 덕분에 내가 금전적 어려움 없이 대학생활을 할 수 있었던 감사한 사람이었다. 밀레니얼 시대를 맞이해서 금연을 선언하고는 단번에 금연에 성공한 약속을 지키는 사람이었고, 생사의 갈림길을 오간 사고에도 몇 차례의 큰 수술과 긴 재활 과정을 의연하게 버틴 생을 향한 의지가 강한 사람이었다. 허물어진 자신의 인생을 하나씩 다시 일구며 긍정적인 자세로 성실하게 책임을 다하며 살아가는 아버지는 인생의 본보기이자 나침반이었다.

나는 아버지가 사고 이후로는 지나친 욕심을 경계하고, 가진 것에 감사하며, 일상을 이루는 촘촘한 가치들을 중요하게 여기며 살아가는 줄로만 알았다. 타인과 비교하기보다 자신의 삶의 기준대로 소소한 행복들을 가꿔가는 사람이라고 믿었다. 그래서 아버지가 매일 정성스럽게 가꾸는 소담한 화분들로 가득 찬 집에 들어설 때면 괜스레 내가 다 뿌듯했다. 이처럼 아버지가 삶을 대하는 태도는 곧 내가 인생을 살아가는 가치관의 중심축이었다. 그러나 이는 전부 나의 오판이고 공상에 불과했다.

사람은 누구나 욕심이 있고 장단점이 있다. 인간은 불완전하다. 인간의 마음은 하루에도 수십 번씩 널뛰며, 인간의 감정은 매 순간 변화한다. 어른에게 부동산은 생존에 관련된 중요한 문제이고, 어른은 대부분 집값에 민감하게 살아간다. 브랜드 아파트, 거주 환경이 좋은 강남에 살고 싶지 않은 사람은 아마도 없을 것이다.

불완전한 아빠도 탐욕스러운 본능에 충실한, 평범한 인간에 불과한 사람인 셈이었다. 물질에만 경도된 자본주의를 살아가는 위선적인 보편적인 어른들과 다르지 않을 뿐이었다. 그러나 지금껏 내가 알던 소소한 삶의 기쁨에 만족하며 사는 아버지와 어젯밤 헛된 욕심과 지독한 열등감에 사로잡힌 모순덩어리 아버지는 괴리가 너무 컸다. 혼란스러운 감정을 정리하려고 하면 할수록 어지러운 미로 속으로 더욱 빠져드는 것만 같았다.

아빠는 역경을 극복한 것처럼 보이지만, 실은 상처를 제대로 치유하지 못한 사람이었다. 과거에 매여 한으로 가득한 삶을 들키지 않으려고 낙천적인 것처럼 위장하고 있었다. 자신이 가장 잘나야 하는데, 세상에는 도저히 넘볼 수 없는 잘난 사람들 천지이다. 이들을 인정하자니 못나 보이는 자신이 혐오스러워 견딜 수 없다. 실제로는 원하는 것을 얻고자 아무것도 시도하지 않으면서 세상이 불공평해 억울해서 미칠 지경이다. 겉으로는 멀쩡해 보여도 속으로는 지독한 열등감에 사로잡혀 간헐적으로 폭발하는 분노감을 억누르고 산다.

닿을 수 없는 욕심은 우주 끝에 달려있는데, 현실 속 자신은 고작 흙바닥도 딛지 못하고 있는 수준이다. 현실을 직면했을 때의 고통

172

이 두려워 뒤엉킨 마음을 풀어낼 엄두가 나지 않는다. 결국, 도저히 좁힐 수 없는 이상과 현실의 간극에서 이러지도 저러지도 못하고 항상 어정쩡하게 살아가고 있다. 합일되지 않는 모순적이고 양가적인, 분열적인 감정 때문에 마음속은 늘 불쾌하고 가슴은 답답하다. 인생은 고역이고 일상은 지옥이라 맨정신으로는 도저히 살아갈 수 없어서 평생을 술로 도피해 악으로 버텨왔다.

아버지는 원래 열등감에 찌들어 살던 사람이었고, 이를 내가 몰랐을 리 없다. 그런데 평생에 한 번은 좋은 아버지, 멋진 아버지를 갖고 싶었던 것 같다. 그의 아주 작은 긍정적인 면모를 색안경을 끼고 환상 속에서 멋지게 부풀려 믿고 싶은 대로 믿었던 것 같다.

비록 머릿속에서 지어낸 이상적인 모습에 나를 스스로 가두고 속은 셈이지만, 당시에는 우직한 큰 산 같다고 믿었던 아버지에게 배신당한 것만 같았다. 지금껏 믿어온 소중한 가치들은 전부 껍데기에 불과한 거짓 같았다. 이제껏 옳다고 믿고 살아온 가치관이 뿌리까지 송두리째 뽑혀서 마구 흔들리고 있었다. 사실은 나도 욕심이 끝없는데, 아버지처럼 욕망을 억누르며 나 자신을 기만하고 살아온 건 아닌지 의심스러웠다. 아버지의 영향을 받았다면 실은 나도, 아버지처럼 지독한 열등감 덩어리이고 바닥이 보이지 않는 자격지심에 사로잡혀 살아온 건 아닌지 강한 자기 혐오감이 불쑥 치솟았다.

욕실에서 세수를 하다가 거울에 비친 내 얼굴을 바라보았다. 가벼운 미소를 띤 입매, 오뚝한 콧날, 호방해 보이는 얼굴 생김새…. 내 얼굴에서 언뜻언뜻 아버지의 얼굴이 겹쳐 보였다. 갑자기 아버지를 닮은 얼굴이 못 견디게 혐오스러웠다. 얼굴에 마구 스크래치를 내서 아버지가 남긴 유전자의 흔적을 모조리 지워버리고 싶었다. 내가 직접 파버릴 수 없다면 성형수술로 얼굴을 싹 갈아 엎어버리고 싶었다. 아무도 내 얼굴에서 아버지의 흔적을 손톱 찌끄래기만큼도 찾지 못하도록 하고 싶었다. 주체할 수 없는 자기 혐오감에 몸서리가 쳐졌다. '대체 왜 이런 말도 안 되는 상상을 해야 하지?'라는 격한 불안감을 이기지 못하고, 결국 힘없이 바닥에 주저앉아 꺼이꺼이 목놓아 소리 내어 울어버렸다.

문득, '내가 사라져 버리면 되잖아. 그럼, 이런 혼란스러운 불편한 감정과 고통스러운 자기 혐오감에서 벗어날 수 있잖아. 어떻게 하면 세상에서 내 존재가 사라질 수 있을까?' 싶은 생각이 몰려왔다. 유전자를 공유하는 부정하고 싶은 존재와 세상에 함께 발 딛고 살지 않는 방법은 두 가지였다. 즉, 부모와 연결고리를 끊고 그들의 흔적을 지울 수 있는 방법은 첫째, 그들이 세상에서 사라지거나 둘째, 내가 세상에서 사라지면 되는 거였다. 그러나 자기혐오에서 벗어나자고 인간의 도리상 차마 부모를 죽일 수는 없으니, 남은 방법은 내가 먼저 세상을 등지는 수밖에 없었다. 사랑을 의심하지 않고 굳게 믿었던 부모에게 배신당하거나 버림받으면 걷잡을 수 없는 자기혐오와 자기부정에 시달리게 되고, 이 감정에서 벗어나지 못하면 그 끝에는 '죽음'이 기다리고 있었다.

사춘기 아이들은 부모와 세상을 향한 해소되지 않는 혼란스러운 감정을 감당하기 버거워서 그토록 날이 바짝 서고 제멋대로구나 싶었다. 자기 마음대로 하려는 고집불통처럼 보이지만, 실은 살기 위한 격한 몸부림이구나 싶었다. 두려워서 죽을 수는 없으니까 대신 그들은 법과 범법의 경계를 아슬아슬하게 오가며 일탈을 즐기고 있었다. 부모가 하지 말라는 일탈을 기어코 실행에 옮기면서 자기 안에 부정하고 싶은 부모의 흔적을 지워내고, 알을 까고 나와 자신만의 세계를 구축하고 있었다.

나는 이미 다 커버린 어른이었다. 부모님을 속상하게 할 작정으로 가출을 해봐야 이미 거주지를 독립해서 살고 있어서 아무런 의미가 없었다. 울렁거리는 마음을 다스리지 못하고 일부러 누군가에게 시비를 붙여 싸워봤자 나만 손해였다. 편의점에서 한두 차례 소소한 물건을 훔쳤다가 걸리면 선처를 기대하기도 어렵고, 여지없이 절도 전과자로 전락하고 만다. 공부를 등한시해서 성적이 떨어지기에는 더 받을 학업 성적이 존재하지 않는다. 일부러 이상한 남자를 사귀자니, 이미 그런 남자를 치가 떨릴 정도로 겪은지라 인생이 아까워서 더 이상은 싫었다.

십 대 시절 부모님 속을 썩이지 않고 그분들의 기대에 맞춰 착하게만 살아온 것이 뒤늦게 억울했다. 내가 생각해도 나는 모범생에 지나친 쫄보였다. 너무 일찍 철들어서 어른들이 하지 말라는 건 어지간하면 하지 않고, 착하고 얌전한 십 대 시절을 보냈으니 말이다. 그때 좀 더 마음대로 행동해서 부모님과 선생님이 좀 더 곤란한 상황에 처하도록 했어야 한다. 야단을 맞더라도 아랑곳없이 더 반항하고 주관을 굽히지 말고 하고 싶은 대로 살았어야 한다.

그러나 사회가 공인하는 어른은 명백한 손해를 감수하면서 함부로 일탈이나 사소한 범법 행위를 시도할 수 없다. 이것이 어른의 세계에 깊숙이 발 담근 내가 처한 현실이다.

불행을 벗어나 행복해지는 '선택'하기

철든 어른이라서 다행인 것일까. 아버지를 향한 배신감에서 비롯한 자기 혐오감에 몸서리친 혼란의 시기는 다행히 오래 지속되지 않았다. 주체할 수 없는 격정적인 감정을 다스리지 못해서 이러다가 정말 무슨 일 나는 건 아닌지 두려운 마음이 앞서다가 문득, 이런 생각이 들었다.

'나는 아버지와 다른 사람이잖아. 얼굴 생김새는 약간 비슷할지 몰라도 그 사람과 나는 같지 않잖아.'

이 단순한 생각 덕분에 자기 혐오감과 자기부정에서 단숨에 벗어날 수 있었다.

아버지와 가장 크게 다른 점은 첫째, 나는 술에 절어 살지 않는다.

177

주량이 세지도 않을뿐더러 고통이나 슬픔을 술로 잊거나 위로받는 성향도 아니다. 술고래인 아버지와 달리 적정 알코올 섭취량은 소주 1/2잔, 맥주 100~200ml, 와인 한두 모금에 불과해서 1년에 술을 마시는 횟수는 손에 꼽는다. 나의 도피처는 독서와 글쓰기이다. 책에서 따뜻함과 포근함, 부모님의 온전한 사랑을 느낀다. 아마도 신뢰할 수 없고 헷갈리는 언행을 보이던 부모님이 책을 사보는 데는 일관적인 아낌없는 지원을 보여주셨기 때문인 것 같다. 모든 중독은 경계해야 하지만, 책 중독이 술 중독보다는 낮지 않을까.

둘째, 아버지의 표면적인 열등감 요소는 학력과 직업이다. 아버지는 고지식한 할아버지와 할머니의 강요 때문에 학교에 진학하지 못하고 현재의 직업을 갖게 되었다고 믿고 있다. 오십 대에 남편을 여읜 할머니를 모시고 살며 장남으로서 도의적인 책임을 다했지만, 만취해서 정신을 놓으면 할머니에게 "엄마가 나에게 해준 게 뭐 있느냐"면서 독기 서린 원망을 쏟아 놓는다. 완전히 틀린 말은 아니지만, 인생에서 모든 선택을 한 장본인은 결국 자기 자신이다. 그리고 남 탓을 하기에는 자신의 선택을 너무 오래 지속해 왔다. 반면, 나는 부모님의 기대나 희망을 따르지 않고, 내가 바라는 대학교의 원하는 학과에 진학했으며, 원하는 직업을 선택했다. 학력과 직업에 콤플렉스를 느낀 적은 거의 없고, 나름의 자부심을 느끼고 있다. 이 묵직한 차이점이 실은 내가 아버지처럼 콤플렉스 덩어리가 아닐까 싶은 불안한 마음을 잠재웠다.

셋째, 나라는 사람의 토대를 이룬 부모의 영향력을 부인할 수는 없다. 그러나 내 성장에는 부모 외에 좋은 친구, 동료, 선생님, 이웃 등 수많은 사람들이 관여해 영향을 주었다. 불안정하고 온전치 않은 애정을 주던 부모와 달리 그들은 나에게 안정적이고 일관적인 사랑과 신뢰, 응원과 지지를 보내주었다. 이들 덕분에 나는 충분히 가치 있고 존중받아 마땅한 소중한 사람이라고 여기며 살아올 수 있었다. 비록 부모를 신뢰할 수 없지만 세상은 신뢰할 만하며, 좋은 사람들과 필요한 도움을 주고받으며 살아갈 수 있다는 믿음을 형성하게 되었다. 약점은 철저히 감추고 좋은 면모만 보이려는 부모님과 달리, 자신의 부족한 점을 솔직하게 인정하고 하루하루 더 나은 사람이 되고자 갈고닦는 훌륭한 사람들을 곁에 두고 있다. 이처럼 생각하니 '내가 아버지처럼 열등감 덩어리는 아닐까?'라는 자기 의심에서 벗어나 안도감이 찾아왔다.

그럼에도, 믿었던 부모에게 배신당하고 버림받은 상처를 치유하지 못한 채로 생일을 맞이하는 심경은 복잡하다. 무한한 사랑이라고 믿었는데, 알고 보니 조건부 사랑이자 의존적이고 착취적인 관계였다. 나를 세상에 존재하게 만든 이들에게 탄생을 절대로 축하받고 싶지 않은 불편한 감정과 나 자신을 여전히 부정하는 것 같은 불쾌한 기분이 뒤엉키고, 여기에 부모를 향한 일말의 죄책감까지 더해져 생일을 마냥 마음 놓고 기뻐할 수가 없다. '생일이 이렇게 골칫거리였나?' 싶어서 만감이 교차한다.

그러나 최소한 '나는 왜 대체 그들에게 태어났지?'처럼 나의 존재 전체를 부정하는 단계는 지나갔다. 그것은 내가 할 수 있는 선택이 아니었으니까. 그들이 낳기로 결정해서 내가 태어난 거니까. 내 선택이 개입되지 않은 어쩔 수 없는 일에 '왜'라는 질문에 사로잡혀서 고통받고 방황할 만큼 이제는 어리석지 않다.

이 질문을 '그럼, 나는 대체 왜 태어났지?' 그러니까 '나는 어떤 역할을 하려고 이 세상에 존재하게 되었지?' 같은 나의 존재론과 역할론으로 바꿔보려고 한다. 탄생과 죽음 사이의 인생이라는 여정이 한 편의 단막극이거나 아름다운 소풍이라면 이 단막극에서 내 역할은 무엇이고, 소풍을 진정 아름다운 추억으로 간직하려면 '무엇을' '어떻게' 해야 하는지에 관한 생각에 집중하려고 한다.

새롭게 맞이하는 올해 생일이 여느 때보다 즐거웠으면 좋겠다. 불행에 발목 잡히기보다 나 스스로 행복해지는 '선택'을 하려고 한다. 기대가 크면 실망도 큰 법인데, 올해 생일은 뭔지 모를 기대감이 자꾸 스멀스멀 올라온다. 손에서 하나를 놓으면 또 다른 무언가로 채워지고, 인간관계도 누군가를 떠나보내면 또 다른 사람이 그 자리를

부모님과 헤어지는 중입니다

채우는 법이다. 이번 생일은 이제까지 익숙하던 사람과 보내던 방식으로 맞이하지 않으리라는 것만은 확실하다. 혹시 모르지. 생일 축하를 계기로 의외의 인물과 인연이 닿아 새로운 관계를 시작할지도.

심리상담에서 새롭게 알게 된 사실들

"우리는 갈 데까지 간 관계"라며 일방적인 이혼을 통보한 전남편에게 이런 식으로 헤어질 수 없다며 처음에는 함께 부부상담을 받기를 강력히 바랐다. 갈등 조율에 미숙한 회피 성향이 짙은 전남편은 "부부상담을 한다고 달라질 것은 없다"라며 단호하게 거부했다. 마침 지인이 꼭 부부가 같이 상담을 받을 필요 없이 먼저 혼자라도 받으면 도움이 된다고 진심 어린 조언을 했다. 지푸라기라도 잡는 심정으로 난생처음 낯선 심리상담의 문을 조심스레 두드렸다.

전남편의 표면적인 이혼 요구 사유는 도저히 납득 불가여서, 처음에는 상담에서 이혼을 하는 게 맞는지 전문가와 고민을 나누고 싶었다. 관계는 상호작용인데 그는 관계가 어긋난 모든 책임을 나에게 돌리며, 관계 회복의 노력도 일방적으로 나에게만 지웠다. 그런데 얼마 뒤, 우연한 계기로 이미 결혼 전부터 상대방이 솔직하지 못했다고 알게 된 뒤 신뢰는 완전히 무너졌고, 나 또한 이혼을 하기로 결정했다. 이후 상담에서는 이혼 트라우마 치유에 집중하며 상실을 어떻게 받아들이고, 상처받은 마음을 어떻게 회복할지 다루었다.

인생의 위기에서 멋모르고 시작한 심리상담이란 결국, 나 자신이 어떤 사람인지 제대로 알고, 나를 있는 그대로 받아들이며 사랑하는 법을 배우는 과정이었다. 상담에서는 다양한 내밀한 이야기가 오갔는데 순간순간 "제가 그런 사람이라고요?"라며 지금껏 잘못 알고 있었던, 새롭게 알게 된 내 모습을 몇 가지 털어놓으려고 한다. 미성숙한 부모에게 정서적으로 독립하지 못한 '허구의 독립'에 머무르면, 어떤 잘못된 자기 개념을 믿고 살아가는지에 대한 구체적인 이야기이다.

1. 유능하다.

"유능한 사람들은 한번 결정을 내리면 계획을 세워서 신속하게 일을 착착 진행시키죠. 분명한 장점이지만 지금 같은 상황에서 상처를 제대로 들여다보지 않고 치유도 덜 된 채로 서두르기만 하면, 분명히 나 자신에게 후폭풍이 있을 거예요. 마음이 앞서서 너무 서두르지 말고 일이 되는 대로 좀 놓아두세요."

이혼을 망설이다 결정을 내린 뒤 협의이혼 절차와 전셋집 처분 등을 서두를 때 상담 선생님께 들은 조언이다. 이혼에 확신이 서자 가능한 한 빨리 관계를 끝내고 이 상황에서 벗어나고 싶은 욕구가 강렬하던 시기였다.

내가 유능하다고? '유능하다'의 사전적 정의는 '어떤 일을 남들보다 잘하는 능력이 있다'이다. 학업 성적은 좋은 편이었고, 회사 업무에서 상위 평가를 받았으며, 어떤 일이든 믿고 맡길 수 있는 책임감 있고 신뢰할 수 있는 사람이라는 평판을 얻고 있었지만, 한 번도 내가 '유능한 사람'이라고 생각한 적은 없었다. 무엇인가를 성의껏 열심히 잘하는 태도는 당연해서 별스러운 일은 아니었다. 무언가를 잘한다는 만족감보다는 늘 부족하다는 결핍감을 더 크게 느끼며 살아왔다.

세상의 수많은 무책임한 사람, 아무런 노력 없이 달콤한 열매만 거저먹으려는 사람들과 비교하면 '진지한 태도로 책임을 지려는 자세' 이 점 하나만으로도 유능한 사람이라고 할 만한 것 같긴 하다.

상담 선생님은 종종 나의 유능함을 언급하지만, 세상에는 뛰어난 사람이 너무나 많고, 나는 여전히 내 유능함을 의심하는 단계에 머물러있다. 자기 기준이 높은 편이고, '기본'에 대한 기준도 비교적 높은 편이라 쉽게 만족하는 성격이 아니기도 하고. 적당한 결핍과 의심이 나를 좀 더 유능한 사람으로 성장시키리라 긍정적으로 생각

부모님과 헤어지는 중입니다

하려고 한다.

2. 지나치게 긍정적이다.

이제껏 나 자신을 불만불평이 많고 부정적인 성격이라고 생각했다. 그런데 긍정적이라니? 심지어 '지나치게' 긍정적이라니? 나는 요구가 많고 예민하고 까다로운 이기적인 아이라는 부모의 왜곡된 시선에 갇혀서 극단적으로 잘못된 자기 개념으로 살아오고 있었다.

이번에 이혼 과정에서 힘들어하는 모습을 지켜본 지인들은 "늘 밝고 긍정적이던 너에게 무슨 일이 생겼기에 이토록 힘들어하니? 잘 해결되길 기도할게"라는 말을 전하곤 했다. 부모님과 나 자신을 제외한 사람들은 나를 긍정적이고 밝은 사람으로 묘사하고 있었다. 상담 선생님은 지나친 긍정성을 어렸을 때 아무도 나를 보호하지 않는 상황에서 생존을 위해서 힘든 감정을 직면하지 않으려는 일종의 회피였을 것이라고 했다.

알코올 의존증 아버지가 폭언을 했을 때, 집에서 내 감정을 살펴준 사람은 아무도 없었다. 엄마도, 할머니도 '간밤에 무섭지는 않았니?' '지금은 좀 괜찮니?'라는 한마디조차 건넨 적이 없었다. 불안과 공포의 밤이 지나고 나면 가족은 모두 전날에 아무 일도 없었던 것처럼 일상생활을 이어갔다. 나와 동생들은 학교를 갔고, 엄마는 가족들의 식사를 챙겼고, 할머니는 집안일을 하고 마실을 갔다. 이야기를 다 들은 선생님은 무서운 감정과 상처 입은 마음을 돌봐 주는 사람은 아무도 없고, 아직 어려서 집을 벗어나서 살 수는 없으니 힘든 상황을 빠르게 잊고 밝고 긍정적으로 사는 생존전략을 택했을 것이라고 좀 더 구체적인 설명을 이어갔다.

돌이켜보니 나는 깊은 우울감에 젖은 적이 드물었다. 인생에 위기가 닥치거나 고비가 찾아왔을 때, 실의에 빠지거나 숨 고르기를 하기보다 '원래 인생은 별일이 다 일어나고 마음대로 되지 않는 거다'라며 의연한 척 애써 마음을 다독이고 안간힘을 짜내 살아왔다.

낙천주의에 가까운 지나친 긍정성에 대한 집착을 버리고 마음속 깊은 불안감을 인정한 순간은 심리치료의 커다란 전환점이자 내 안에서 진정한 변화가 일어난 시작점이었다.

3. 일찍 철들었다.

"진주 씨는 일찍 철든 아이였네요."

"네? 제가요? 저는 제가 여전히 철부지 같다고 생각하는데요."

"부모님 마음을 살펴서 무리한 요구는 하지 않고, 막무가내로 떼를 쓴 적도 없잖아요."

"부모님은 제가 아직 철들지 않았다고 생각하세요. 저도 '나는 대체 언제 다른 이들처럼 철드나' 고민할 때도 있고요."

나 자신을 완전히 잘못 알고 있었다. 부모님은 살갑지 않고 애교가 없으며 자신들과 친밀하지 않은 나에게 늘 불만족과 실망감을 드러냈다. 이는 내가 부모에게 잘못하고 있다는 죄책감과 더 잘해야 한다는 부담감을 가져왔다. 부모에게 늘 부족한 자식이라는 강한 압박감에 짓눌려 살아와서 철이 들지 않은 나밖에 모르는 이기적인 아이인 줄로만 알았다. 이는 나 자신을 정반대로 바라본, 자기 객관화의 대실패였다.

이미 십 대 때 엄마와 할머니의 방치 속에서 아빠의 정신적 괴롭힘을 홀로 감당했을 때조차 '그분들도 반복되는 이 상황이 지치고 힘들겠지. 나 혼자 이 지옥 같은 시간을 조금만 버티면 오늘 다른 분들은 좀 편하겠지'라는 생각으로 누구도 원망하지 않고, 어른들의 심정을 이해하는 쪽을 택하지 않았던가.

상담 선생님은 부모님이 비록 내 기대에 미치지 못하더라도 그분들이 나와 동생들을 위해서 아는 범위에서 할 수 있는 한 최선을 다하고 있다고 알았으리라 말했다. 이를 눈치챌 만큼 일찍 철이 들어서 부모님이 할 수 있는 범위를 넘어서는 무리한 요구를 하지 않았을 것이라고 했다. 그러고 보면 부모님께 친구들이 갖고 있는 유행하는 브랜드 운동화나 게임기 등 어떤 물건이나 먹고 싶은 것, 갖고 싶은 것 등을 사달라고 조른 기억은 거의 없다.

이처럼 나는 의존적 요구를 채우지 못한 채 부모의 처지를 생각해 그들이 실망할까 봐 감정과 생각을 제대로 드러내지 못하고, 겉으로는 일찍이 의젓한 사람으로 성장한 전형적인 허구의 독립을 한 아이였다.

4. 나는 어릴 적 부모님께 정서적 학대를 받았으며, 아버지는 현재 알코올 의존증 초기 치매 증상을 보이고, 어머니는 오랫동안 우울증에 걸릴 만한 환경에 놓여 있었다.

이전까지 나는 부모님께 무한한 사랑을 받았다고, 부모님은 언제나 든든한 내 편이라고 믿었다. 아버지는 순전히 술을 좋아하고 많이 마시는 사람이며, 엄마는 현재의 결혼생활에 만족하며 살아간다고 생각했다. 이처럼 현실을 극단적으로 왜곡하며 살아온 이유는 이 책 전체적으로 다루는 내용이기에 더 자세한 내용을 여기서는 생략한다. 상담 선생님이 내 어린 시절과 부모와의 관계, 부모의 과거와 현재 상태를 이처럼 명명하자 비로소 현실을 있는 그대로 객관적으로 바라보게 되었다. 부모에게 정신적으로 잠식돼 모호하게만 느껴지던 감정이 선명해지고, 나 자신과 둘러싼 환경이 제대로 눈에 들어왔다.

5. 지나치게 선량하다.

우리는 긍정성을 강조하고 부정성을 회피하며 살아가지만, 세상에 나쁜 감정은 없다. 긍정적이고 부정적인 감정 모두 우리에게 필요한 소중한 감정이다. 다만 한쪽으로 너무 치우진 '지나친' 감정은 경계하고, 어떤 감정이든 '적당히' 유지하는 균형감이 중요하다. 영화 「인사이드 아웃」에서도 '기쁨이'가 부정하던 '슬픔이'의 존재를 인정하자 비로소 답이 없어 보이던 문제가 해결된다. 여러 감정들이 적당히 공존하며 제 역할을 할 때 비로소 주인공 라일리의 내면이 성장한다.

사람은 보통 적당한 불안감과 우울감을 안고 살아간다. 상담 선생님은 그런데 나처럼 지나치게 불안감과 우울감이 낮으면 긍정적으로 사고하고 자신감이 넘칠 수 있지만, 사람과 세상에 대한 경계심이 낮아서 나 자신을 지켜야 할 때 제대로 보호하지 못하고 때로는 큰 손해를 감당하는 상황에 놓일 수도 있다고 했다. 한마디로 편견 없이 순수하고 이해심 넓은 순진한 성격이라 사기꾼 같은 사람들에게 속는 호구 되기 십상인 성격이라고 할 수 있다.

부모님과 전 배우자의 부정적인 영향으로 나 자신을 한평생 나밖에 모르는 이기적인 사람이라고 생각하고 살았는데, 선생님은 편견이 적고 이상주의 성향이 강한 나를 '지나치게 선량하다'라고 바라보고 있었다. 지금껏 믿어온 것과 정반대의 자기 개념 제시에 그저 웃픈 웃음만이 흘러나왔다.

갈등을 극도로 회피하는 부모님의 '나는 예민하고 공격적인 사람'

이라는 왜곡된 시각에 매몰돼 무던한 온화한 사람으로 보이려고 애써왔다. 이제는 나의 지나친 선량함을 믿고 '나처럼 이해심 깊고 참을성 많은 사람이 화가 날 정도라면 누구라도 화를 낼 만한 심각한 상황'이라고 판단해서 적절히, 제대로 분노를 표출하려고 노력하고 있다. 「인사이드 아웃」처럼 내 안의 기쁨이만이 아니라 슬픔이와 버럭이와 까칠이, 소심이도 따뜻하게 감싸 안아주려고 한다.

부모님과 헤어지는 중입니다

내 안의 열등감과 자격지심

    심리상담과 여러 책에서 얻은 가장 큰 깨달음은 세상에 '나쁜 감정은 없다'는 사실이다. 일본을 대표하는 문학가 엔도 슈사쿠가 쓴 짧은 에세이 『나를 사랑하는 법』 프롤로그는 '나는 사람이 사람다울 수 있는 한 가지 요소를 자신의 약점을 인정하는 열등감이라고 생각한다'로 시작한다. 자신을 이해한다는 것은 내면에 존재하는 수많은 열등감과 자격지심, 약점을 있는 그대로 받아들이는 과정이다. 달리 말하면, 자신의 콤플렉스를 직시하는 순간, 자신을 진정으로 사랑할 수 있게 된다.

    나는 사람이 사람다울 수 있는 한 가지 요소를 자신의 약점을 인정하는 열등감이라고 생각한다. 무조건 절대적으로 자신이 옳고 강하다는 확신이 있는 사람이 과연 이 세상에 존재할까. 우리 대부분은 이러한 자신의 열등감에 휘둘리며 살아간다. 때로는 일부러 강해 보이려 행동하기도 하고, 반대로 지나치게 의기소침해져 주눅이 들기도 한다. 나 또한 오랜 세월 그렇게 살아왔다. 그러나 나이가 들어가며 경험이 풍부해진 덕분인지 나는 내 자신의 나약함에 대처하는 방법을 자연스럽게 알게 되었다. 그것은 바로 남들에게 강하게 보이려고 무리해서 노력하지 않아도 된다는 것. 있는 그대로 나의 연약한 점을 인정하고 되도록 그 약점을 나에게 유리하게 바꿔보자는 생각을 한 뒤에야 비로소 열등감에서 벗어날 수 있었다.

　– 엔도 슈사쿠, 『나를 사랑하는 법』 프롤로그 중에서

　나는 일찍이 열등감(또는 결핍)과 경쟁자(라이벌)의 존재는 잠재력을 발휘해 혼자서는 할 수 없는 일을 꿈꾸고 해내도록 하는 성장의 동력으로 활용할 수도 있다고 알고 있었다. 그럼에도, 내 안에 존재하는 열등감을 인정하지 않으려고 발버둥 쳐왔다. 타인에게는 '세상에 완벽한 사람은 없다', '단점이 없는 사람은 없다'라고 유식한 척 강변하면서 나 자신은 예외이고 싶었다. 오랫동안 결핍도 없고 실수도 하지 않는 완벽한 사람으로 인정받고 싶어 했다. 열등감이란 '나만은' 가지면 안 되는 '나쁜 감정'이었기 때문이다. 솔직하지 못했고 위선적이었으며, 오만하게도 불가능한 사람이 되

고 싶어 했다.

가장 감추고 싶었던 약점 가운데 하나는 예민한 성향과 성격이었다. 예민한 성격 때문에 사람들과 잘 어울리지 못하거나 친구들이 떠날까 봐 두려웠다. 예민한 건 나쁘니까 이를 감추고 둥글둥글 원만한 사람처럼 보이려고 부단히 노력했다. 마음에 안 들어도 마음에 든다고 싱긋 웃으며 상대방의 기분을 맞췄다. 어지간한 일은 무조건 괜찮다고 일관하며 몰개성한 사람처럼 행동했다.

어느 순간, 예민함은 나쁜 것이 아니라 그냥 예민한 것뿐이라고 깨달았다. 나는 무엇 때문에 예민함을 들키지 않으려고 온몸에 힘을 잔뜩 주고 전전긍긍 긴장하며 살았을까. 이런 생각이 들자 맥이 툭 풀리면서 강렬한 허탈감이 찾아왔다. 부모님의 '예민한 건 나쁘다'는 부정적인 시각에 매여 자책 속에 고통받던 지난날들이 기억을 훑고 지나갔다.

예민한 사람은 섬세해서 디테일에 강하다. 타인의 마음을 잘 헤아리고, 다른 이들은 보지 못하는 중요하고 소중한 것들을 잘 포착한다. 이를 동력으로 글을 쓰거나 다른 예술 활동으로 능력을 발휘할 수도 있다. 예민해서 사소한 자극에도 불안하거나 쉽게 지치기도 하지만, 나는 이런 예민함을 사랑하며 결코 포기할 마음이 없다.

오랜 콤플렉스를 있는 그대로 직시하고 수용하자 마음이 그토록 편안할 수 없었다. 끝없는 갈등으로 고통받던 내면에 고요한 평온함이 깃들었다. 겉으로 드러나지는 않지만, 인생의 중요한 변화를 맞이한 순간이었다. 나는 좀 더 오롯하고 단단한 사람으로 거듭나고 있었다.

그 밖의 내 안의 열등감과 자격지심을 쭉 나열하면 다음과 같다.

- 명문대를 괜찮은 성적으로 졸업했지만, 미국이나 유럽 등으로 유학 가서 학업을 이어가는 친구들을 보면 부럽다.
- 독서를 꾸준히 하는 편이지만, 나는 아직 손도 못 댄 고전을 탐독해서 자신의 것으로 소화한 사람을 마주하면 한없이 작아진다.
- 평생 극심한 열등감과 자격지심에 사로잡혀 자식의 감정까지 살필 마음의 여유가 없는 아버지 밑에서 성장했기 때문에, 내 감정을 있는 그대로 바라보고 수용하는 섬세하고 다정한 아버지에 대한 결핍이 크다.
- 프리랜서든 자영업자든 자신의 사업체를 설립해 꾸준한 수익을 내며 안정적으로 운영하는 사람들은 전부 대단해 보인다.
- 책을 출간해 자신의 세계를 더욱 공고히 하고 강연, 인터뷰 등으로 활동 영역을 넓혀가는 지인들을 보면 부럽다.
- 영어를 모국어처럼 구사하는 사람도 부럽고, 기가 막힌 콘셉트나 제목을 제시하는 재치 있는 사람이 질투 나고, 적절한 유머를 구사해 모임에서 주변 사람들을 즐겁게 하며 확실한 존재감

을 드러내는 사람도 부럽고, 자신만의 패션과 메이크업 센스를 갖춘 사람도 부럽고, 지능이 높아서 두뇌 회전이 빠른 사람도 부럽고….

이처럼 내 안의 열등감을 한없이 나열하자면 밤을 새워도 모자랄 것이다. 그러나 한편, 열등감이 열등감이 아닌 이유는 또 다음과 같다.

- 유학을 떠날 경제적 형편은 되지 않지만, 자유로운 4년간의 대학 생활은 훌륭한 교수님과 좋은 친구들을 만나서 견문이 트이고 살아가는 데 꼭 필요한 인생의 지혜를 얻은 시기였다.
- 아직 못 읽은 책들은 평생 동안 조금씩 읽으면 되고, 어디 가서 어지간한 책을 아는 체할 정도는 된다.
- 어쨌든 경제적 책임을 다한 아버지 덕분에 궁핍하게 살지는 않았으며, 하고 싶은 여러 일들을 시도하거나 도전할 수 있었다. 부모님께서 노후에 자식에게 경제적으로 의존해야 하는 처지도 아니기 때문에 부모님께 물리적으로 신경을 기울이지 않아도 된다. 앞으로 나는 하고 싶은 대로, 나의 행복만을 추구하며 살아갈 수 있다.
- 성실한 편이라 꾸준히 글을 쓰고 있으며, 본격적으로 글을 쓰

기 시작한 3년 전보다 실력이 나아지고 있다고 느낀다. 심심찮게 작가라고 불러주는 사람들도 있으며, 글쓰기로 고정 수입도 생기기 시작했다. 한편, 내가 결핍을 채우는 방법이 아버지처럼 술이나 어머니처럼 자식 또는 타인을 향한 의존과 집착이 아니라 글쓰기여서 얼마나 다행인지…. 만일 신이 존재한다면 신께 진심으로 감사드린다.

– 지금 영어를 전혀 연습하고 있지 않기 때문에 못하는 것이 당연하며, 내가 원하는 재치를 갖춘 사람들을 곁에 두고 있기 때문에, 필요할 때 도움을 요청할 수 있다. 진지함을 줄이고 좀 더 가볍게 살다 보면 재밌는 이야기와 농담으로 타인을 웃기는 재주도 점점 늘지 않을까 싶다. 패션이나 메이크업에 관심을 기울이는 시간은 거의 전무하기 때문에, 이 또한 못하는 게 당연하다. 멘사에 가입할 만큼 특별한 지능은 아니지만, 머리가 나쁜 편은 아니니까 내 장점인 인내심을 발휘한 노력으로 보완할 수 있을 것이다.

콤플렉스일 것 같은데 의외로 아닌 부분은 다음과 같다.

– 외모에 만족하고 살아간다.
– 유전인 심한 곱슬머리는 (스트레스를 받기는 하지만) 이렇게 타고

난 걸 어쩌겠나 싶다.

- (노후 대비를 위해 집을 마련해야 하지만) 현재 월세로 살고 있는 빌라 생활에 나름 만족하고 있다.

- (이 글을 쓸 당시에) 수입 없는 백수이지만, 하고 싶은 일이 분명하기에 불안하면서도 크게 불안하지는 않다. 급변하는 불안정한 현대 사회에서는 꾸준한 자기 계발 없이는 회사를 다녀도 불안한 건 마찬가지이다.

- 이혼 뒤 요새는 '어떻게 이렇게 행복할 수 있지?' 싶어서 종종 이혼했다는 사실을 망각하고는 한다. 자기 위안이나 합리화가 아니라 삶의 만족도와 행복감이 높아져서 이혼을 개의치 않게 되었다.

- 불행한 가정사는 이미 지난 일이다. 나는 인생을 꿈꾸고 생각하는 대로 살아갈 만한 힘을 가진 사람이고, 주변에 도움받을 수 있는 좋은 사람들과 잘 어울려 살고 있다.

- 다시 또 삶의 위기가 찾아온다면, 이제는 든든한 지원군인 심리상담사 선생님을 찾아가서 언제든지 적절한 조언을 구할 수 있다.

자신의 약점, 열등감, 결핍 등을 인정하는 일은 결코 쉽지 않다. 불쾌하고 아프고 처음에는 심지어 기분이 더럽다는 생각이 들기도 한다. 그런데 이 고비를 넘기면 그동안 위를 압박하던 불편한 체기가 가라앉고 가슴이 뻥 뚫리는 기분을 느낄 수 있다. 처음이 어렵지 막상 인정하면 '이게 뭐라고, 오랫동안 집착을 놓지 못하고 나 자신을 괴롭혔을까?' 싶은 허무감이 밀려온다. 온 세상이 이처럼 아름답고 평온했나 싶은 마음이 찾아온다.

딱 한 걸음을 더 내디딜 용기를 내서 부디 자신의 열등감을 직면해 감정적으로 좀 더 자유롭고 편안해지길 간절히 바란다. 아무도 반박하지 못할 누구나 다 아는 비밀을 하나 더 털어놓자면, 세상 사람들은 저마다 제 살기 바빠서 내가 무엇을 잘하든 못하든, 잘 나가든 못 나가든 관심이 별로 없다. 그러니 남의 시선 의식하지 말고 나하고 싶은 대로 솔직하게 살아가도 된다. 다시 한 번 강조하지만, 어차피 남들은 내가 무엇을 하든지 크게 관심이 없을 테니까.

엄마는 아빠와 왜 이혼을 안 할까?

부모님과 배우자가 물에 빠졌는데 안타깝게 한 명만 구할 수 있다. 그럼, 누구를 구하겠는가? 이번에는 배우자와 자식 가운데 한 명만 구할 수 있다면 누구를 구하겠는가? 이런 비극에 처할 확률은 희박하지만, 연인이나 부부간 결혼관과 가족관을 냉철하게 점검할 수 있는 질문이다. 자신이 부모에게 정서적으로 독립했는지 확인할 수 있는 질문이기도 하고.

나라면 첫 번째 상황에서는 배우자, 두 번째 상황에서는 자식을 구할 것이다. 부모는 내가 선택해서 태어나지 않았지만, 배우자는 평생 책임지겠다고 선택한 관계이니 선택에 따른 의무와 책임을 다하려고 한다. 자식은 내 선택으로 태어난 '생명'이니 위험한 상황에서 세상 누구보다 최우선으로 보호하고 지키려고 한다.

가치관에 따라 대답은 달라질 수 있기 때문에 옳다, 그르다의 영역은 아니다. 충효사상이 지배적인 가치관이었던 조선시대에는 자식은 다시 낳을 수 있고, 아내도 다시 얻을 수 있다고 생각해 어떤 상황이라도 부모가 최우선이고, 처자식은 후순위이지 않았던가. 그러나 오늘날 정신과에서 이 질문에 대한 답은 첫 번째는 배우자, 두 번째는 자식으로 '정답'이 정해져 있다고. 자신의 정신세계가 과거의 조선시대를 향하고 있는지, 21세기 현대사회에 머물러 있는지 천천히 고민해 보기를 바란다.

내가 속했던 가정들을 한마디로 정의하자면 물에 빠져 허우적거리는 나를 아무도 구해주지 않는, 수영도 할 줄 모르고 구명조끼도 없는데 알아서 생존법을 터득하지 않으면 익사하기 직전에 처한 환경이었다. 절대적인 내 편이라고 믿었던 부모님과 전 배우자 그 누구도 물에 빠진 나를 구하지 않았다.

엄마는 배우자와 자식 사이에서 목숨이 경각에 달린 물에 빠진 자식은 제쳐두고 심지어 안전한 뭍에 있는 멀쩡한 배우자를 선택했다. 전남편은 부모와 배우자 사이에서 신뢰와 사랑을 보내는 배우자를 뒤로하고 자신을 정신적, 물질적으로 착취하는 아버지를 선택했다. 이들은 내가 죽든 말든 상관도 없는지 눈길 한번 주지 않고 철저히 외면하고 방관했다.

가만히 내버려 둬도 물에서 살아서 나갈까 말까 한 나에게 이들은 더한 요구를 해댔다. 엄마는 물에 빠져서 허우적거리는 나를 구해주기는커녕, 안전한 뭍에서 한가로이 술을 퍼마시고 있는 아빠의 장단을 맞추라고 떼를 썼다. 전남편은 물에 빠진 나를 구하진 않고 자신의 원가족과 나 사이에서 줄곧 어정쩡한 태도를 취하며, 문제를 방치해 갈수록 키우고 모든 가족의 감정을 상하게 했다.

그들의 무리한 요구에 따르지 않으면 이기적이고 버릇없는 아이라는 비난이 쏟아졌다. 사랑을 의심하지 않은 이들의 믿기 힘든 배신에서 늘 혼란스럽고 불안했고 무기력했다. 내 편이라고 굳게 믿은 사람 그 누구도 진정한 내 편은 아니었다. 세상에 혼자가 아닌 적이 없었고, 시리도록 외롭지 않은 적이 없었다.

엄마가 술 취한 남편과 까탈스러운 시어머니에게 에너지를 다 빼앗겨서 자식에게 온전한 관심을 쏟지 못했다고는 이해할 수 있다. 그런데 어떻게 술 먹고 행패를 부리는 아버지를 이해해야 한다고 자식들의 등을 떠밀었는지, 이혼 상황에서 정신이 무너진 딸이 아니라 만취해 꼬장부리는 남편을 편 들 수 있는지 도저히 이해할 수 없었다.

전남편이 이혼 뒤 혼자 사는 자신의 아버지를 안쓰러워하는 마음은 이해할 수 있다. 그런데 부부간에 상의해서 결정해야 할 일을 아버지와 상의한 뒤 아내에게 일방적으로 통보하고, 배우자를 존중하지 않고 너무 쉽게 저버린 채 아버지에게 한없이 휘둘리는 모습은 도저히 이해 불가였다.

영화 「그것만이 내 세상」은 17년 만에 헤어진 엄마(윤여정 扮)와 우연히 재회한 조하(이병헌 扮)가 숙식을 해결하려고 따라간 집에서 뜻밖의 동생 진태(박정민 扮)를 만나면서 이야기가 전개된다. 엄마는 조하가 중학생 때 술 먹고 깽판 치는 남편의 폭력을 견디다 못해 집을 나가 딴살림을 차린다. 조하는 일찍이 엄마에게 버림받은 상처를, 엄마는 미안함과 죄책감을 안고 있다.

조하는 어느 날, 엄마의 부탁으로 서버트증후군을 앓고 있는 이부동생 진태를 복지관에 데려가기로 한다. 갑자기 용변이 급해진 진태는 버스에서 내려 눈앞에 보이는 아파트 화단에서 볼일을 보고, 결국 경찰서에 가서 범칙금을 부과받는다. 귀가가 늦어지는 형제를 기다리던 엄마는 경찰서를 다녀왔다는 진태의 말에 해명하려는 조하를 무시하고 버럭 화를 낸다. 형이 되어서 정신장애를 앓고 있는 동생을 제대로 책임지지 못했다며, 어른답지 못한 형편없는 인간이라고 마구 쏘아붙인다.

이 장면을 보는데 엄마에게 아빠는 혼자서 제힘으로는 살아갈 수

202

없는 진태이고, 나는 상처를 받았든 아무리 힘이 들든 멀쩡하게만 보이는 조하 같은 존재구나 싶었다. 엄마는 고되게 일하느라 술독에 빠져서 온전한 정신으로 살지 못하는 남편은 너무나 안쓰럽고, 그에 비하면 아빠가 번 돈으로 의식주를 해결하고 학교 다니는 자식은 하나도 힘들 게 없다고, 어쩌면 축복받은 환경에서 성장하고 있다고 여겼나 보다. 20년 전 목숨을 잃을 뻔했던 사고를 당해 야망과 포부가 꺾인 원망과 후회를 내려놓지 못하고 여전히 술에 의존하는 남편에 비하면, 이혼으로 힘겨운 시간을 보내는 딸 따위는 대단히 안타깝지는 않았나 보다. 엄마에게는 남편이라는 존재 자체가 너무 가엾고 딱하다는 생각이 지배적이라, 자식이 아무리 힘든 상황에 놓이더라도 전부 별일이 아닌 것처럼 느껴지나 보다. 자식이 제발 살려달라고 목놓아 외치며 아무리 구조를 외치더라도 귀를 막고 눈을 가렸는지 남편에 비하면 아주 멀쩡하게만 바라보이나 보다. 그러니 아빠와의 이혼은 무슨, 대신 죽겠다고만 하지 않아도 다행이지.

전남편에게도 전 시아버지는 「그것만이 내 세상」의 엄마 인숙이 진태를 바라보는 것처럼 아픈 손가락이고, 나는 막 대하더라도 무너지지 않고 끄떡없으리라고 믿는 강철 덩어리 같은 거구나 싶었다. 그 사람 눈에 멀쩡하고 많은 것을 가진 내가 그 사람 시선에서 가엾고 불쌍하고 부족한 자기 아버지를 위해 무한히 베풀기를 바랐던 모양이다.

나도 힘들었는데…

나도 괜찮지 않았는데…

나도 엄마의 사랑과 보살핌이

배우자의 사랑과 배려가 절실했는데

그들 눈에 나는 너무 멀쩡했나 보다.

한없이 기댈 수 있을 만큼 듬직해 보였나 보다.

나도 너무 아팠는데…

상처받고 외로워서 매일 밤 울었는데…

나도 너무 힘들었는데…

나도 전혀 괜찮지 않았는데….

부모와 관계를 끊는 심리 과정

　　아버지를 마주하면 여전히 어떤 폭력적인 말과 행동을 할지 몰라서 두렵다. 예전처럼 몸을 아예 가누지 못할 만큼 고주망태가 되지 않는다고는 알지만, 그와의 식사 자리에서 식탁에 놓인 작은 소주잔이 눈에 들어올 때면 숨이 턱 막히고 심장 박동은 빨라진다. 이렇게 글을 쓰면서 그 장면을 떠올리기만 해도 땀이 차올라 손끝이 끈적끈적해진다. 삼십 대 중반이 되었는데도 아직 어린 시절의 트라우마에서 벗어나지 못했고, 과연 치유를 완전히 할 수 있을지도 의문이다.

　　심리상담에서 간혹 지하철에서 이상한 낌새를 보이는 사람을 바라보는 불안감에 대한 얘기를 나누었다. 최근에는 꾀죄죄한 외양에 허름한 복장으로 좌석이 비었는데도 자리에 앉지 않고 지하철 출입

문 쪽에 기대서 휘청거리는 남자가 무서워서, 일단 내렸다가 다음 지하철을 타고 갈까 생각한 적이 있었다. 하지만 다른 사람들은 나 정도로 불안감을 느끼지는 않는지 다들 평소처럼 스마트폰에 집중하며 별 신경을 쓰지 않는 듯했다.

그 남자는 한쪽 손에는 구겨진 검은 봉지를 들고 있었는데, 나는 꼭 그 속에 칼 같은 흉기가 들어있을 것 같았다. 만일 그 사람을 자극한다면 칼을 꺼내서 휘두르지 않을까 싶은 무의식적 공포가 자리 잡고 있었다. 상담 선생님은 다른 승객들의 반응을 고려한다면, 이는 지나친 불안 반응 같다고 했다. 어린 시절 아버지의 술주정을 선생님이 생각한 것보다도 나에게 훨씬 더 위협적이고, 실제 상황은 그렇지 않다고 해도 마치 칼로 위협당할 것 같은 위험이 도사리는 정도의 공포감으로 느꼈던 것 같다고 했다.

그러나 그런 일이 실제로 일어날 확률은 희박하고, 이제는 나도 얼마든지 힘으로 제압을 하든 주변 도구를 사용하든 주변 사람에게 도움을 요청하든 적절히 대처할 수 있으니 과도한 불안은 내려놓아도 된다고 안심시켰다.

이제 더는 아버지가 자초하는 불미스러운 상황을 감수하고 싶지 않다. 만취해서 눈은 퀭하고 혀는 꼬여서 상대방의 말은 전혀 듣지 않고, 표정도 살피지 않는다. 두 시간이고 세 시간이고 맥락 없고 재미도 없는 말을 끝도 없이 늘어놓는다. 알코올 중독자의 술주정을 더는 한마디도 듣고 싶지 않다. 욱하는 마음을 더는 참지 못해서 싫은 내색을 비치면, 엄마가 중간에서 내 눈치를 보며 안절부절못하는 것도 싫다.

인내심의 한계치에 도달해 결국 갈등을 빚으면 엄마는 "아버지에게 무슨 말버릇이냐"라며 나를 나무란다. 세월이 흘렀지만, 아무것도 변하지 않았다. 엄마는 자신을 위하는 선량한 딸이 아니라 여전히 술주정뱅이 남편이 우선이라 그를 편든다. 엄마는 정신이 온전치 않은 술망나니 남편은 불쌍하고 안쓰럽고, 딸은 무슨 말을 하든 남편의 의사에 반하면 감히 부모의 권위에 도전하는 예의 없는 것이 된다.

아버지와 잘 지내기를 바라는 엄마의 바람에 부응하고자 노력하지만, 마지막에는 늘 나만 불효막심한 나쁜 자식이 되고 만다. 이 드라마의 각본은 주연 인물의 성격과 상황 설정상 자웅동체처럼 한편인 부모 입장에서 당돌한 자식은 악한으로 결말을 맺도록 흘러갈 수밖에 없다. 그런데 순진한 나는 주연 인물의 성격이 이번에는 달라질 거라고, 조금은 다른 결말이 펼쳐질 거라는 일말의 기대감을 놓지 못하고 있었다.

엄마가 나에게 볼멘소리를 하며 나무라는 순간, 기억 저편으로 미뤄두고 평생 봉인하고 싶은 깊은 트라우마가 의식으로 떠오른다. 나는 다시 고통의 바다에 빠져서 허우적거리고 뭍으로 빠져나오려고 홀로 발버둥 치기를 반복한다. 어리석게도 가족을 믿었던 만큼 다시 또 가족에게 버려졌으며, 세상에 믿을 사람은 하나도 없고 혼자 덩그러니 남겨졌다는 서글픔과 분노감, 억울함이 치밀어 몸이 부들부들 떨린다.

나에게 하나도 득이 될 것 없는 이 반복되는 악순환의 구조를 깨닫기까지 오랜 시간이 걸렸다. 술 취한 사람은 누구든지 간에 피하는 게 상책인데, 괜히 만취자와 매번 부딪혀서 쓸데없는 마음의 상처와 정신적인 스트레스를 입고 있었다. 알코올 중독자 아버지와 자식이 잘 지내기를 바라는 엄마의 실현 불가능한 바람을 이뤄주고자 부단히 애쓰며 소중한 인생을 낭비하고 있었다. 이 세상에는 즐겁고 행복하고 가치 있는 일과 사람이 얼마나 많은데! 이제 더는 소중한 시간과 에너지를 잠재적인 폭력 상황을 견디는 데 함부로 버리고 싶지 않다.

부모가 자식을 자주 보고 싶고 곁에 두고 싶어 하는 마음을 알기에 자주 찾아뵙지 못하는 죄책감을 갖고 있었다. 부모님을 사랑하는 마음으로 자식 된 도리를 하고자 했었다. 그러나 자식을 만난 기쁨에 더 행복하고자 반드시 술을 마셔야 하는 아버지, 어렸을 때 아버지가 자행한 정서적 학대 때문에 아버지 앞에 놓인 작은 소주잔만 봐도 고통스러운 자식, 이제 이 고통에서 벗어나려고 한다. 마땅히 해야 한다는 사회적 의무감이나 도리에 더는 사로잡히지 않으려고 한다.

몇 달 전만 하더라도 최소한 아버지가 내가 집에 가서 점심 한 끼나 저녁까지 두 끼를 먹고, 몇 시간 머무는 동안만이라도 금주하시기를 바랐다. 그러나 더는 헛된 희망에 기대지 않으려고 한다. 평범한 사람에게 술 취하지 않은 상태로 3~4시간 생활하는 건 아무 일도 아니지만, 알코올 중독자에게 몸에 술 성분이 남아있지 않은 상태로 3~4시간을 버티는 건 견딜 수 없는 고역이다. 해가 서쪽에서 뜨고 죽은 사람이 살아 돌아오기를 기대하는 것만큼 불가능한 일이다.

아버지가 변할 가능성은 희박하니 비상식적인 상황과 불편한 감정에서 벗어나서 아버지와 잘 지내려는 노력을 안 하는 방향으로 이제는 내가 변하려고 한다. 술을 끊을 수 없는 아버지의 한계를 인정하고, 엄마와는 달리 그런 그를 수용할 수 없는 나의 한계를 인정하고, 이제는 내 마음속에서 아버지를 놓아드리려고 한다. 그가 술을 끊지 않는 한 아버지와 나는 만나지 않는 편이 낫다. 그것이 우리의 관계 설정의 최선이다.

행동을 수반하지 않는 사랑이라는 미명에 더는 속지 않을 것이다. 사랑이란 상대방이 바라는 것을 해주는 것이라면, 상대방이 바라지 않는 것을 하지 않는 것, 이 또한 상대방이 바라는 일이기에 사랑이다. 아버지는 자식을 소유하고 통제하고 싶은 욕구를 사랑이라고 착각하고 있다. 자신이 저지른 잘못 때문에 고통받는 자식들을 진정으로 사랑한다면 이제는 자식이 원하지 않는 행동을 그만해야 한다. 이것이 진정한 사랑이다. 더는 말로만 하거나 마음뿐인 사랑에 속고 싶지 않다. 이것은 사랑도, 뭣도, 아무것도 아니다. 말과 마음이 전부인 사랑의 허상에 기대서 온전한 내 마음을 더는 내어주지 않을 것이다. 아버지와 어머니, 두 분을 향한 관대함이 지나쳤던 것 같다. 내인내심은 한계에 이르러서 더는 두 사람의 허망한 욕심을 감내할 수 없고, 이에 휘둘려서도 안 된다고 굳게 마음먹었다.

아버지는 부모에게 받지 못한 사랑을 자식에게 채우려고 정신적 고통을 전이하고 강요하는 악행을 그만두어야 한다. 자신의 애정결핍을 자식이 채워줘야 한다는 망상에서 벗어나야 한다. 아버지가 우리의 기대처럼 단주를 할 수 없듯이, 그가 술을 마시는 한 우리도 아버지의 기대처럼 절대로 좋은 부모-자식 관계를 형성할 수 없다.

아버지가 해야 할 일은 자신의 알코올 의존증을 인정하고, 전문의의 도움을 받아서 치료에 집중하는 것이다. 술을 완전히 끊고 내면의 결핍을 다른 건전하고 생산적인 활동으로 채우는 법을 배우는 일이다. 엄마 또한 알코올 중독 아버지를 자식들이 받아들여야 한다는 헛된 희망을 이제는 버려야 한다. 아빠를 진정으로 사랑한다면 엄마가 해야 할 일은 술 먹는 남편을 더는 방치하지 말고, 그가 술을 끊고 단 하루라도 정상적인 인생을 살도록 돕는 것이다.

처음부터 바른 일을 행하기는 쉬워도 수십 년 동안 누적된 잘못을 바로잡는 일은 불가능에 가까울 만큼 어렵다. 그러나 나는 부모와의 관계에서 적당히 타협하기를 더는 바라지 않는다. 기적에 가까운 평생 이룰 수 없는 꿈이라도 상관없다. 문제의 근원을 뿌리째 뽑아서 모든 것이 제자리를 찾기를 바라고 있다. 여기에서 내가 할 수 있는 역할은 거의 없다. 아버지의 변화와 바람의 성취는 전적으로 아버지의 의지에 달려있다. 오로지 그가 혼자서 감당해야 할 몫이다.

한평생 술에 절어 산 아버지 때문에 우리 가족은 너무 많은 것들을 잃었다. 나는 끝없이 발목 잡고 늘어지던 늪에서 많이 빠져나왔지만, 나와는 비교되지 않을 만큼 여리고 착한 동생들은 아직도 늪 한가운데서 허우적거리며 숨만 겨우 붙어 있다. 내가 겪은 심적인 고통을 느끼며 상처 속에서 몸부림치고 있는 선한 동생들을 떠올리면, 가슴이 묵직하고 목구멍이 쓰라리다는 말로는 부족하다. 울화가 북받쳐 눈가를 서서히 적시던 눈물이 멈추지 않아 젖은 손수건이 몇 장인지 헤아릴 수도 없다.

모든 가족이 따뜻하고 애틋하지는 않다. 오히려 만나서 불행한 가족도 흔하다. 만나지 않는 편이 나은 가족 아닌 가족들이다. 우리 사회는 가족애를 유난히 강조한다. 혈연에 기반한 가족에게 집착하는 경향도 짙다. 그러나 가족이라도 인연이 다 했으면 자연스레 흘러가도록 놓아주어야 한다. 주위를 둘러보면 절연하고 사는 부모-자식, 남보다 못한 가족이 생각보다 수두룩하다. 그러니 가족이라도 마음 가는 대로 관계를 정리한다고 괜한 죄책감을 갖지 않아도 된다.

물론, 가족이라는 관계는 유일무이하고 특별한 인간관계이다. 그러나 유일무이하다고 모두 자신에게 가치 있거나 어울리지는 않는다. 세상에 한 벌만 존재하는 아무리 값비싸고 특별한 옷이라도 내 몸에 맞지 않거나 어울리지 않으면 결국 내 몫은 아니다. 하물며 과거에 정서적 학대와 방임을 일삼은 부모, 심지어 현재에도 같은 상황을 반복하고 있다면 더 이상 무엇을 할 수 있을까. 이러한 부모 또는 가족과 거리를 두고 내 몫의 인생을 살아가려는 마음은 지극히 자연스러운 감정이자 합당한 선택이다.

최근에 '애착외상'을 주제로 한 트라우마 특강을 들었다. 외상이나 트라우마라고 하면 충격적인 사건이나 사고, 신체적 학대, 왕따, 성폭력처럼 극단적인 상황에서 유발된다는 생각과 달리, 부모의 정서적 학대 또는 방임에서 비롯한 애착외상도 심각한 트라우마로 분류하고 있었다. 가정에서의 신체적 학대, 성적 학대, 언어폭력, 각종 정서적 학대와 방임이 아이의 정상적인 성장을 저해하는 것은 물론이고, 내가 겪은 '심리적 부재'는 가장 미묘하면서도 심각한 형태의 학대였다고 알게 되었다. 이처럼 폭력과 학대가 만연한 가정에서도 친구, 선생님, 이웃, 조부모, 성직자 등과 좋은 관계를 경험하면 상대적으로 안정된 애착을 형성할 수 있는데, 강사님은 이것이 기적에 가깝다고 몇 번이나 반복해서 강조했다. '아… 나는 깊이를 알 수 없는 구렁텅이에서 살아남은 생존자구나. 지금 나는 기적을 이루고 있구나' 싶은 자부심이 들었다.

정서적으로 미성숙한 부모와 물리적, 감정적으로 거리를 두면 그제야 보이지 않던 것들이 보인다. 부모와 나 자신, 그 관계를 한 발자국 떨어져서 마치 제삼자가 된 듯한 낯선 시선으로 바라볼 때 비로소 자신을 옭아매던 불편하고 복잡한 감정에서 벗어나 부모로부터 진정한 정서적 독립을 할 수 있다. 의무감과 관습에 매여서 억지로 부모에게 다가서고 화해하려고 할 때는 결코 느낄 수 없었던 마음의 치유와 회복이 일어나면서 오히려 조금씩 부모를 이해하고, 속도는 비록 느리지만 그들을 점차 용서하게 된다.

좀 더 냉정하게 성인이 된 자식에게 원가족인 부모는 엄밀히는 더 이상 필요한 존재는 아니다. 즉, 앞으로 부모와 어떤 인간관계를 맺을지는 그들에게 달린 것이 아니라, 나 자신의 선택으로 좌우될 수 있다. 부모로부터 받은 내면의 상처와 트라우마가 깊다면, 자기 마음의 치유와 회복이 먼저이다. 그들과 제대로 된 관계를 계속 이어

갈지 말지는 실은 자신의 마음이 얼마나 치유되었는지에 달려있다. 감정의 골이 깊다면 치유와 회복에 생각보다 더 오랜 세월이 걸릴 수도 있지만, 상처에서 회복되는 데 시간이 얼마나 걸릴지는 누구도 알 수 없으며, 이는 자연스러운 치유 과정이다. 부모와 관계를 단절하고 거리를 두며 자신의 상처받은 마음과 감정을 먼저 살피는 것이 결국은 진정한 정서적 독립의 시작이자, 언제가 될지는 모를 용서와 화해의 준비 과정이다.

원래 마음 주인들에게 죄책감을 돌려주다

전남편은 처음부터 자신이 나에게 너무 잘해줘서 내가 눈이 높아져 고마움을 모른다고 말했다. 그러나 예민하고 까다로운 자신을 이해하고 맞추려는 노력을 가치 없다고 폄훼하며 배우자에 대한 고마움을 잃은 사람은 정작 본인이었다. 그는 말하지 않은 속마음을 알아채서 헤아려주는 것이 진정한 사랑이라고 믿는 이상주의자였다. 비현실주의적인 그의 기대는 애초에 맞출 수 없는 불가능한 미션이었다.

그는 내가 자신과 자신의 가족들을 무시할까 봐 결혼생활 내내 전전긍긍했던 것 같다. 누구보다 신뢰해야 할 아내에게조차 솔직할 수 없어서 자신을 끊임없이 부풀리고, 거짓말을 하고, 안쓰러울 만큼 강한 척했다. 급기야는 아내이자 며느리로서 도리를 다하지 않았다며, 모든 갈등의 원인을 나의 부족함으로 돌려버렸다. 무책임하게 회피하는 유약함을 끝끝내 부정하고 겉으로 자존심을 굽히지 않으며 완벽하고 순결한 존재로 남아있고 싶어 했다.

부모님은 성인으로서 독립해서 살아가려고 발버둥 치는 자식을 용인하지 않았다. 왜 살갑고 다정하게 외롭고 공허한 자신들의 마음을 살펴주지 않느냐며, 성격이 이상하다며 끊임없이 나를 탓했다. 왜 자신들에게 의존하지 않느냐고 유별나다며 가스라이팅을 서슴지 않았다. 자신만의 인생을 꾸려가는 자식을 칭찬하고 격려는 못할망정 이기적이라고 몰아가며 끝없는 죄책감을 심어주었다. 알코올 의존증 아버지와 사이좋게 지내기를 바라는 엄마의 비상식적인 요구는 이제 그만 말하려고 한다.

내가 부모님께 바란 것은 경제적 지원도, 심리적 보상도 아닌 오로지 그들의 온전한 행복이었다. 지금껏 삶을 알토란 같이 잘 일궈온 만큼 노년에는 아프지 말고 하고 싶은 대로 인생을 즐기며 행복하게 살기만을 바랐다. 그런데 그들은 다 큰 자식이 곁에 꼭 붙어서 자신들이 하지 말라는 것은 하지 않고 살아야만 비로소 행복하다고 억지를 부렸다. 자식을 있는 그대로 인정하지 못하고 조종하고 통제할 수 있는 소유물로 남아있기를 바라는 헛된 마음을 끝끝내 버리지 못하고 있다.

결혼했을 때는 시부모님까지 합세해 왜 자신들의 외롭고 억울한 마음을 헤아려주지 않느냐며 아우성이었다. 시어머니는 이혼으로 자신이 원래 가족에게 못 해준 것을 며느리가 대신해주기를 바랐고, 남편은 이혼하고 홀로 된 아버지가 안타까운 마음을 아내가 대신 채워주기를 바랐으며, 시아버지 또한 자신의 외로운 처지를 며느리가 헤아려주기를 바랐다.

내가 없었을 때는 각자 알아서 아쉬운 마음을 달래며 잘 살았을 양반들이 무슨 물귀신처럼 무섭게 들러붙었다. 도리라는 명목으로 선한 마음에 빌붙어 자신들이 껄끄러워서 차마 하지 않던 일들을 나에게 전가해 막무가내로 정서적 결핍을 채우려 들었다. 자신들의 선택으로 말미암은 죄책감을 나에게 일방적으로 떠넘겨 너무나 손쉽게 씻어내려고 하였다.

자식이 없는데도 결혼생활이나 원가족과의 생활은 마치 내 돌봄을 기다리는 자식을 다섯 명은 둔 것 같은 중압감에 짓눌린 시기였다. 어머니와 아버지, 전남편과 전 시부모님까지 정확하게 딱 다섯 명이었다. 퇴고를 하며 이 시기를 떠올리니 예전만큼은 아니지만 지금도 숨이 막히는 것만 같다.

어쩌면 그들의 요구와 기대치에 너무 잘 부응해 내가 만든 줄에 나 스스로 묶여버린 건지도 모르겠다. 그들이 무한정 의존하고 사랑받고 싶은 욕구를 일깨우고 키워버린 건지도 모르겠다. 이런 말은 참 우습지만 전남편에게도, 부모에게도 모자람 없이 묵묵하게 한결 같이 너무 잘해줘서 '호의가 계속되니 권리'인 줄 알도록 내버려 둔 건지도 모르겠다. 그들은 의존하고 싶고 사랑받고 싶은 마음이 너무 커서 나의 진정한 소중함을 외면하고, 고마운 마음을 애써 부정했던 건지도 모르겠다. 한마디로 눈이 너무 높아져서 하늘 꼭대기에 달렸던 모양이다.

내가 직업도 없이 부모 곁에 딱 붙어서 등골 빼먹으며 살았으면, 연락을 가끔 하고 집에 자주 들르지 않는다며 서운할 겨를이 있었을까. 하루라도 빨리 정신 차리고 독립해서 부모 신경 안 쓰이게 살아가길 바랐겠지. 결혼 뒤 가정에 충실하지 않고 매일 밖으로 나돌면서 집안일이며, 먹거리며 전혀 신경 쓰지 않았다면? 친구들과 어울리고 놀러 다니느라 연락도 잘 되지 않았다면? 과연 전 배우자는 내가 자신의 부모에게까지 잘하기를 바랄 정신이 있었을까. 아내로서의 역할만 제대로 해도 감사하다고 여겼겠지.

평생을 옥죈 뿌리를 알 수 없던 죄책감과 불편한 감정의 실체를 알게 되자 마음이 한결 편해졌다. 할 수도 없고, 해서도 안 되는 책임감과 죄책감에 명확한 선을 그었다. 전남편, 전 시부모, 부모님이 이기적으로 나에게 떠넘긴 그들 몫의 감정들을 원래 마음의 주인들에게 돌려주었다. 그동안 양어깨와 가슴을 짓누른 과도한 책임감과 죄책감을 내려놓자 비로소 온전한 내 몫의 인생이 또렷이 보였다. 나에게서 정서적 결핍을 넘치도록 채우고자 한 흡혈귀들에게 벗어나자 쓸데없는 에너지를 낭비하지 않게 되었다.

그러자 놀라운 일이 벌어졌다. 내면의 힘과 정신력이 강한 편이지만, 스트레스에 취약하고 감정 소모가 많은 편이기도 하다. 어렸을 때부터 쉽게 지쳐서 곧잘 예민해지고 피로감이 높은 편이라 하루 8시간 이상을 반드시 자야 한다. 그렇지 않으면 피로 해소가 잘 되지 않는데, 요새는 수면 시간을 6~7시간으로 줄여도 끄덕없다.

그동안 온 가족의 정서적 결핍을 채워 달라는 과도한 요구에 얼마나 시달리며 정서적 피로감을 느끼고 에너지를 뺏겼는지 새삼 깨달았다. 이제라도 정신 차려서 마음을 독하게 먹고 정신적 흡혈귀들을 떨구자, 에너지를 오로지 나 자신에게 집중할 수 있게 되었다. 에너지를 내가 쓰고 싶을 때, 쓰고 싶은 곳에 발현할 수 있게 되었다.

난생처음 느끼는 가벼운 황홀감과 두근거리는 설렘이었다. 후련하고 자유롭고 여전히 불안한 가운데서도 어느 때보다 편안하고 안락하다는 기분이 들었다. 이 충만함과 행복감이 더없이 소중했다. 지금껏 왜 그리 바보 같이 살았나 싶어서 회한을 담은 기쁨의 눈물이 흘러내렸다.

다시는 가족이든, 연인이든 그 누구라도 마음껏 사랑하되 예전처럼 나 자신을 좀먹는 관계로 돌아가고 싶지 않다. 혼자 있어도, 둘이 같이 있어도, 여럿이 어울리더라도 온전한 나로서 존재하는 것 같은 자유로움을 사랑하기로 했다. 내가 사는 이 세상이 참 아름다워 보였다.

자유롭고 홀가분한 할머니가 된 기분이다

미국의 심리학자 홈스(Thomas Holmes)와 라헤(Richard Rahe) 박사에 따르면 미국인을 대상으로 일상생활에서 겪는 사건들의 스트레스 정도를 조사했을 때, 1위는 배우자의 죽음이다. 이때의 스트레스 정도를 100으로 보았을 때, 2위는 이혼으로 스트레스 정도는 73이라고 한다.

나에게 이혼이란 사십 대, 오십 대를 건너뛰고 타임머신을 타고 갑자기 육십 대, 칠십 대 노년기에 접어든 것 같은 경험이었다. 산전수전을 다 겪은 그 나이에도 감당하기 어려운 벼려진 아픔과 묵직한 슬픔을 삼십 년 세월을 앞당겨서 겪은 듯했다. 세월의 흐름에 따라 감정 그물을 서서히 촘촘하게 엮지 못하고 휘몰아치는 폭풍우 속에서 얼기설기한 그물망다발을 통째로 두들겨 맞은 것만 같았다.

엉뚱하게 들릴 수도 있지만, 고통의 시간이 지나자 한동안은 마치 자유롭고 홀가분한 70대 할머니가 된 기분이 들었다. 가족들이 전가한 무거운 의무감과 책임감에서 벗어나 어느 날 갑자기, 미련 한 점 없이 자유를 찾아 훌쩍 떠나버린 노년의 여인 말이다. 아니면 평생 아내를 구박하면서도 자신을 어린애처럼 돌봐 주기를 바라던, 변덕을 죽 끓듯이 해 미운 정 고운 정이 든 영감을 먼저 앞세운 할머니이든가. 배우자를 먼저 떠나보낸 혼란과 충격, 애도와 위로의 시간을 지나서 난생처음 온전한 나로 살아가는 기쁨을 만끽하는 자유롭고 홀가분한 할머니 말이다.

결혼생활은 나와 전남편, 어머니, 아버지, 전 시부모님 간의 1:5 싸움이라고 느낄 만큼 외로움과 압박감에 억눌린 시기였으니 이처럼 별난 감정이 들 만도 하다.

'차라리 벽과 이야기하는 게 낫겠다. 벽은 대답은 없어도 상처를 주지는 않잖아.'

이러한 생각이 들 만큼 존중받지 못하던 무력한 불통의 늪을 벗어나 나 자신을 스스로 존중하고 사랑하는 현재가 얼마나 소중한지 모르겠다. 도저히 못 빠져나올 줄 알았던 어두컴컴한 터널을 무사히 빠져나오자 남은 인생은 거저 주어진 덤처럼 느껴진다. 때때로 외로움이 엄습하지만, 오히려 같이 있어서 뼛속까지 시리던 암흑의 시기를 떠올리면 이 고독마저 얼마나 값진지 모른다.

매일 아침, 눈을 떠 창문을 열고 환기를 하며 새롭게 주어진 눈부신 하루에 감사하다. 하고 싶은 일을 하면서 타인과 도움을 주고받은 충만한 하루를 마무리하며 또 감사하다. 아침부터 저녁까지 일과 운동, 독서와 지인과의 교류 등으로 꽉 찬 분주한 하루를 보내는데도 지금처럼 몸과 마음이 가벼운 적이 없으니까.

평범한 중년 여인이 있습니다.
그녀에게는 돌봐야 할 자식들이 있습니다.
무려 다섯 명의 자식들이 엄마의 따뜻한 눈빛과 다정한 손길을 기다리고 있습니다.

그녀의 남편은 경제적 책임을 다할 뿐,
가정에서 벌어지는 크고 작은 모든 일은
전부 아내의 책임이라며 미루기만 합니다.
아내가 버겁다며 힘겨움을 호소하면
'나도 힘들다, 어쩔 수 없다'라는 책임회피만
도돌이표처럼 되돌아옵니다.

남편은 가정일은 등한시하지만
주변 사람에게는 좋은 평판을 얻고자
아내의 동의 없이 일방적으로
지인들의 과도한 요구를 무리하게 들어줍니다.
이 문제로 반복해서 아내와 갈등을 겪고 용서를 구하고 있습니다.
이제는 아내도 남편이 진심으로 잘못을 뉘우치지 않는다고 잘 알
고 있습니다.
남편도 아내가 이번에도 결국 자신을 방관할 수밖에 없음을 잘 알
고 있습니다.
둘 사이에는 희한한 악순환의 고리가 생겨났습니다.
그러나 누구도 먼저 이 고리를 끊을 용기를 못 내고 있습니다.

"막내가 스무 살이 되는 해, 1월 1일에 이 집을 떠나겠어요."
어느 날, 아내가 자유를 찾아 떠나겠다고 선언합니다.
'설마 진심이겠어? 그냥 좀 지쳐서 하는 말이겠지.'
남편은 이번에도 아내의 말을 대수롭지 않게 여기고 흘려듣습
니다.

마침내 막내가 스무 살 성인이 되는 해,
아내는 정말로 홀연히 집을 떠나버립니다.

부모님과 헤어지는 중입니다

가족들의 만류에도 불구하고
자신과의 약속을 지키기로 합니다.

그녀는 앞으로 살아갈 단출하고 조그만 집에서
홀가분한 몸을 뉘입니다.
'아~ 드디어 자유다!'
그동안 고생한 자신을 양팔로 살포시 감싸 안아줍니다.

양팔과 양다리를 좌우로 벌려 대자로 뻗어 눕자
갑자기 '하하하하하하하하하' 웃음이 쏟아집니다.
가슴속 응어리를 전부 토해내기라도 하듯이
한 번 터진 웃음은 멎을 생각을 하지 않습니다.
마치 미친 사람처럼 배 근육이 끊어질 만큼
웃고 웃고 또 웃다가 스르르 잠이 듭니다.
만면에는 편안한 미소를 짓고 있습니다.

지금 이 순간, 그녀는
세상에서 가장 행복한 사람입니다.

부모님과 여전히 거리를 두는 중입니다

"이번 주는 어떠셨어요?"

심리상담을 시작하는 선생님의 가벼운 질문에 어떻게 대답해야 할지 언젠가부터 난감했다. "잘 지내고 있어요", "그럭저럭 지내고 있어요"라고 답변하고서 막상 상담이 끝날 즈음에 울지 않은 날이 드물기 때문이다.

나는 잘 지내고 있는가. 그렇기도 하고 아니기도 하다. 나는 과연 괜찮은가. 이 또한 그렇기도 하고 아니기도 하다. 밥 먹고 잠자고 일하고 사람들을 만나는 일상생활은 어렸을 때부터 독립적으로 생활했듯이 익숙한 대로 잘해 나가고 있다. 괜찮은 것 이상으로 일상에서는 만족하며 성취감이나 행복감을 느끼는 순간이 점점 늘어나는 것 같다. 그런데 원가족을 떠올리거나 그들과의 관계를 생각한다면 도저히 잘 지내고 있다고 말할 수만은 없는, 결코 가볍지만은 않은 부채감이 예전보다는 덜하지만 여전히 남아 있다. 상담에서 웃으면서 크고 작은 근황을 말하다가 무의식에 자리 잡은 가족에 대한 이야기를 꺼내다 보면 결국 눈물짓는 상황을 반복하고 있는 이유이기도 하다.

독자 여러분께서 좀 전에 읽은 홀가분하고 자유로운 감정을 담은 글의 초고는 지난해 여름에 작성했다. 나도 그때는 괜찮은 줄 알았는데, 상처를 치유하고 오랜 억압으로 마음속 깊숙이 각인된 트라우마에서 벗어나는 과정은 그리 간단치는 않은 것 같다. 부모는 나 자신의 근원이고 가족은 인간관계의 출발이다. 부모를 객관적으로 바라보고, 그들에게 받은 상처를 치유하고, 관계를 재정립하는 과정이 손쉽다면 오히려 그것이 더 이상할 일이다.

괜찮은 것 같았는데 다시 불쑥 트라우마가 떠올라서 고통스럽다가 다시 잠잠해지기를 반복하는 것은 지극히 자연스러운 치유의 과정이다. 상처가 깊을수록 회복의 시간이 더딘 것은 당연하다. 감정적 고통에서 하루빨리 벗어나고 싶은 조급함을 버리자 역설적이게도 마음속 상처에 딱지가 앉고 나날이 아물고 있다고 느낀다. 내 안의 약간 어긋나고 조각나 있던 어른 자아와 어린 자아가 비로소 하나로 통합되고 있는 것 같다. 조만간 상담 선생님의 한 주 동안의 감정을 묻는 질문에 분열된 감정을 두고 고민하지 않고, 현재의 내 실제 감정에 가까운 좀 더 분명한 대답을 할 수 있지 않을까 싶다.

올해 2월에 25주년 기념으로 재개봉한 영화「타이타닉」을 극장에서
3D로 봤다. 이미 서른 번도 넘게 본 좋아하는 영화인데, 이번에는 로즈
와 잭의 절절하고 낭만적인 사랑이 아니라 독립적인 로즈와 의존적인 엄
마의 관계가 유독 눈에 들어왔다.

- 엄마: 아버지가 남긴 빚을 우리 이름값으로 막고 있어. 우리에겐 그
　　　　이름밖에 없어. 널 이해 못 하겠구나. 하클리 가문은 훌륭해.
　　　　우리도 살아남을 수 있어.
- 로즈: 왜 제게 그런 짐을 주세요?
- 엄마: 넌 왜 그리 이기적이니?
- 로즈: 제가 이기적이라고요?
- 엄마: (울먹이며) 내가 재봉사로 일하는 걸 보고 싶니? 그걸 원하는
　　　　거야? 우리 물건이 경매에 넘어가는 걸 보고 싶어? 우리 추억
　　　　을 날려버리고 싶니?
- 로즈: 불공평해요.
- 엄마: 그야 당연하지. 우린 여자니까. 여자에게 선택권은 없단다.

체면을 너무 중시하고 사고(思考)는 편협하며 현실 감각은 떨어지고
위선적인 로즈의 엄마는 마치 내 엄마를 보는 것 같았다. 로즈의 엄마가

로즈를 사랑하지 않거나 행복하지 않기를 바라지는 않을 것이다. 그러나 자신은 아무것도 하지 않으면서 자식을 불만족스러운 현실을 구제할 대리자나 도구로 여기는 것도 사실이다. 심지어 자신의 가치관을 따르지 않는 자식에게 '이기적'이라며 죄책감을 자극하는 가스라이팅도 서슴지 않는다. 처지를 비관하며 '내가 재봉사로 일하는 걸 보고 싶니?'라고 울먹이는 부모에게 '네, 재봉사로 일해야 한다면 하셔야죠. 못할 건 또 뭐예요?'라고 냉정하게 말할 수 있는 자식이 얼마나 될까. 극심한 내면의 갈등을 겪던 로즈도 결국은 복잡한 심경을 접어두고 엄마의 뜻대로 자신의 인생을 희생하기로 마음먹는다.

> – 잭: 로즈, 당신은 대하기 힘든 여자예요. 게다가 버릇도 없죠. 그렇다 해도 당신은 정말 놀랍고도 굉장한 여자예요. (중략) 당신은 덫에 걸렸어요. 덫을 벗어나지 않으면 죽어요. 당신은 강하니까 바로 죽진 않겠지만, 언젠가 되었든 내가 사랑하는 당신 안의 열정이 다 소진할 거예요.
> – 로즈: 날 구하는 것도 당신 소관은 아니에요.
> – 잭: 그렇죠. 당신만이 구할 수 있죠.

로즈가 처한 불합리한 상황을 잭은 냉철하게 '덫에 걸렸다'라고 표현한다. 아무리 부모라도 나에게 덫을 놓은 상대라고 깨닫는다면 사랑이라는 미명으로 자행하는 억압과 가족이라는 족쇄, 자식의 의무와 효도라는 관습에 더 이상 얽매이지 말고 조심하되 과감히, 무사하게 잘 빠져나와야 한다. 그렇지 않으면 잭의 말처럼 덫에 걸린 사람은 언젠가 그것이 꼭 신체적인 죽음이 아니더라도 정신적인 소멸로써 죽음에 이르게 된다. 그리고 덫에 걸린 자신을 구할 수 있는 유일한 사람은 결국 자기 자신이다.

로즈는 엄마의 정신적 억압에서 벗어나 조금씩 변하면서도, 오랫동안 몸에 밴 엄마를 향한 의무감과 일말의 죄책감을 완전히 떨치지는 못하는 혼란스러운 모습을 보인다. 그러나 엄마의 더 이상 용납하기에는 한계를 넘어버린 허세에 절은 위선적인 밑바닥을 보고는 냉철한 현실 감각을 깨친다. '굿바이, 마더'라는 짧은 작별 인사를 끝으로 미련 한 점 없이 엄마를 등지고 뒤돌아서 비로소 온전한 자신의 인생을 살아간다. 마침내 엄마에게 완전히 벗어나 인생의 키를 오롯이 자신이 쥐고 자기라는 배의 선장이 돼 인생이라는 망망대해를 제대로 항해하게 된다.

- 엄마: 구명정도 선실 등급이 있나요? 붐빌까 봐 걱정이네.
- 로즈: 제발 좀 닥쳐요! (Shut up!) 아직 모르겠어요? 바닷물은 찬데 구명정은 모자라요. 절반밖에 못 탄다고요. 이 배의 승객 절반 은 죽을 거예요.

- 마거릿: 로즈, 어서 와요. 아직 자리가 남았어요. 어서 와요. 당신 차 례예요.
- 엄마: 보트로 와라, 로즈.

- 로즈: 잘 가요, 어머니. (Goodbye, mother.)

자기라는 배에 어떤 사람을 태우고 내리게 할지는 배를 책임지는 선장인 자신에게 달려있다. 이 배에 적응을 잘하고 원만하게 지낼 수 있는 잘 맞는 사람을 태우기를 바라지만, 막상 배에 태웠더니 적응을 못 하거나 예상치 않은 다른 속셈을 가지고 승선을 한 사람이 있을 수도 있다. 처음에는 배에 잘 적응하는 줄 알았는데, 시간이 지나면서 맞지 않는 면모가 드러나는 사람도 있을 것이다. 그럼, 바다 한가운데라서 일단은 태우고 가다가 기항지에 정박했을 때 내리라고 할 수도 있고, 어떤 경우는 태우고 싶지 않은 사람이지만 어쩔 수 없는 사정으로 잠시 승선을 허락해야 할 때도 있다.

이는 부모와 가족도 마찬가지다. 자신의 사정과 여건에 따라서 그들을 배에 싣고 갈지, 언제 승하선을 허락할지 그 결정은 오로지 내 선택에 달려있다. 성인으로서 이 결정을 제때 제대로 유연하게 하려면 우선은 태생적으로 깊은 애착 관계를 형성한 부모와 멀찍이 거리를 둬야 한다. 서로를 객관적으로 바라볼 수 있을 때까지 충분한 시간적 여유를 두고 자신의 삶에 집중해야 한다. 마지막으로 우리는 좀 더 쉽게, 좀 더 일찍 '굿바이, 마더', '굿바이, 파더'라고 당당하게 목소리를 높여야 한다. 그래야 진정한 자신의 인생이 열릴 테니까.

부모에게서 정서적으로 벗어나는 연습 TIP

1. 죄책감과 안타까움을 구분한다.

의존적이고 자기애적 성향이 강한 부모는 평생 자식에게 죄책감을 심어 놓는다. '부모의 기대에 부응하지 못하고 부모에게 잘하고 있지 않다'라는 죄책감은 선한 자식들이 부모에게서 정서적으로 벗어나지 못하는 가장 큰 이유이다. 부모가 자기 인생은 내팽개치고 가족을 위해 희생한 경우, 죄책감은 더욱 커서 부모의 인생을 대신 책임지려고 들기도 한다.

죄책감은 자신이 저지른 잘못에 책임을 느끼는 마음이다. 부모의 힘든 인생은 안타까운 것이지 자신이 잘못해서 생긴 결과가 아니다. 죄책감에 빠지지 말고 안타까운 마음을 간직하는 것으로 충분하다. 부모 인생은 부모 인생이고, 내 인생은 내 인생이다. 자신이 잘못한 일에만 죄책감을 느껴 용기 내서 사과하고 책임지는 자세로 살아가기에도 버거운 인생이다.

정서적으로 미성숙한 부모를 둔 자식은 부모가 안타까운 마음에 부모를 자꾸 필요 이상으로 돕거나 변화시키거나 구해내려고 한다. 일찍 철이 들어 어릴 때부터 어린아이 같은 부모의 심리적 부모 또는 어른 노릇을 하는 감정과 태도가 익숙해서 자신이 부모를 구원하려는 불가능한 시도를 하고 있다고 알지 못한다. 하지만 이런 방식으로는 부모는 절대 변하지 않는다. 오히려 내가 인에이블러로서 부모의 의존성을 강화해서 현상을 유지하며 그들을 망치고 있는 셈이다. 부모는 인에이블러인 내 덕분에 정서적 결핍을 어느 정도 해소하기 때문에 아무리 옳은 길을 제시해도 실질적인 변화의 필요성을 느끼지 못하고, 도리어 내 안의 무력감만 커질 뿐이다. 부모와 거리 두기는 나뿐만이 아니라 부모 스스로 자식으로부터 정서적으로 독립하고 의존성을 낮추는 데 궁극적으로 더 나은 영향을 불러올 것이다. 나를 구원할 수 있는 사람은 오직 나 자신인 것처럼, 부모 자신을 구원할 수 있는 사람도 부모 본인이 유일하다.

2. 제삼자의 시각에서 만일 부모가 아니라 남이었다면 어떻게 대응했을지 생각한다.

부모에게 정서적으로 지배와 통제를 받고 있으면, 정신적으로 괴롭히고 헷갈리는 행동을 보이는 부모의 모습을 이해하고, 갈등의 원인을 자신에게만 찾으려고 한다. 만일 부모의 말과 행동이 뭔가 찜찜하고 불편하고 미심쩍은 마음이 든다면 부모가 아니라 낯선 사람이 그처럼 행동했을 때 자신은 어떤 생각이 들었을지, 어떻게 반응했을지 상상해 본다. 예를 들어, 나는 알코올 의존증 아버지를 제삼자의 시각에서 좀 더 일찍이 낯선 사람으로 여기고 바라봤다면 일찌감치 거리를 두고 왕래를 줄이거나 끊었을 것이다. 부모를 낯선 사람이라고 생각했을 때 외면하고 상종하지 않을 사람이었다면 아무리 부모라도 거리를 두거나 (일시적으로) 관계를 끊는 것이 내 인생에 실질적으로 보탬이 되는 방향일 것이다.

3. 내가 부모의 기대에 부응한 수만 가지를 기억한다.

지배적이고 통제 욕구가 강한 부모는 자식이 잘한 점은 인색하게 칭찬을 아끼고, 부족한 점을 집중 공략해 반복적으로 지적하고 비난하는 경향이 있다. 자식은 부모에게 잘한 것은 제대로 인지하지 못하고, 잘하지 못한 것을 확대해석해 자신을 '부족한 자식', '못된 자식', '철이 덜든 자식'이라고 비하하고 자책하게 된다.

이러한 부모의 단골 레퍼토리인 '자식 키워봐야 다 소용없다'라는 죄책감을 자극하는 언행에도 흔들리기 십상이다. 그런데 달리 생각하면 이것이 바로 부모와 거리를 두는 궁극적인 목적이다. 지배적이고 통제 욕구가 강한 부모가 '자식 키워봐야 다 소용없다'고 마음으로 받아들일

때, 비로소 자식을 향한 어긋난 기대와 집착을 내려놓을 수 있다. 부모가 이 말을 반복해서 한다면 부모와의 관계를 산뜻하게 재정립하는 제대로 된 방향으로 잘 나아가고 있는 셈이다.

생각해 보자. 나 때문에 부모님이 사회적으로 곤란한 상황에 처한 적이 있는지. 학교에 찾아와서 다른 학부모들 앞에서 대신 머리를 조아려 사죄하거나, 경찰서를 드나들며 선처를 구할 만큼 중대한 범법 행위를 저지른 적이 있는지. 대부분은 사소한 일탈을 꾀하고 적당히 말썽부리며 평범하게 성장했을 것이다. 이 책을 선택한 여러분이라면 너무 일찍 철들어서 흔한 반항 한번 하지 않고, 오히려 부모가 바라는 대로 순종하며 착하게만 살았을 가능성이 더 크다.

부모가 나를 낳고 키워주고 해준 것에만 사로잡히지 말고 과연 나는 부모에게 지금껏 얼마나 큰 기쁨을 선사하고 순순히 협조적이었는지 떠올려보자. 평생 부족하다고 자책하며 살다가 부모님께 해드린 것들을 떠올리니 생각보다 너무 많아서 깜짝 놀랐다. 어린 자식의 웃음 한 번에도 부모는 온 세상을 다 가진 것 같은 형언할 수 없는 행복을 느낀다. 여러분은 태어난 자체만으로 이미 부모에게 유일무이한 기쁨을 선사한 위대한 사람들이다.

4. 만남과 연락은 중요하지 않다. 마음으로 이해하고 용서하면 충분하다.
부모와 거리를 두기로 마음먹으면 익숙한 패턴대로 부모와 만나거나 연락하지 않는 일에 죄책감을 느끼고 '과연 이래도 되나?' 싶은 생각이 든다. 처음에는 어색하고 불편하지만 한 번, 두 번 반복하다 보면 적응이 되고 마음이 점점 편해진다. 만일 시간이 흘렀는데도 죄책감과 불편감이 너무 크면 다시 예전으로 돌아가면 되니 만남과 연락에 대한 부담감을 내려놓아도 된다.

익숙한 관계를 완전히 벗어나서 거리를 두고 살아가면 애증의 감정에 사로잡혀 제대로 보이지 않던 부모와의 관계, 불완전한 인간으로서의 부모와 나 자신의 실체가 서서히 의식 위로 떠오른다. 비로소 나답게 살기 위해 자신에게 온전히 집중하는 인생을 살아가게 된다. 부모를 마음으로 이해하고 용서하면 충분하다. 우리나라는 성인이 되어도 부모와 밀착해서 지나치게 친밀한 관계를 형성해서 살아가는 편이다. 하지만 이제는 부모의 보호와 돌봄이 필요한 아이가 아니기에 부모와의 만남과 연락이 예전에 생각하던 만큼 중요하지는 않다.

5. 부모를 만나지 않는 것도 능동적인 선택이란 점을 기억한다.

그럼에도 부모를 만나지 않거나 연락하지 않은 것에 죄책감이 든다면, 지배적이고 의존 욕구가 강한 부모와의 만남과 연락을 자제하는 것은 회피가 아니라 나 자신을 보호하기 위한 능동적인 선택이라는 점을 기억한다. 부모와 자식은 천륜인데, 오죽 부모의 집착이 심하고 요구가 지나치면 부모와 연락을 끊고 사는 최후의 선택지를 꺼냈겠는가. 이를 행동에 옮기기까지는 부모와 적정한 선을 만들고 관계를 형성하기 위한 무수한 노력과 인고의 시간이 있었을 것이다. 변하지 않는 부모와 적절한 거리를 유지하는 것은 불가능에 가깝고, 이런 상황에서는 부모와 관계를 끊는 것만이 자신의 인생을 위한 최선의 방법이다.

6. 외롭거나 힘들어서 부모에게 연락하고 싶어도 그 순간을 잘 참고 견딘다.

몸이 아프거나 지독하게 서러운 날에는 엄마에게 전화해서 하소연을 하고 싶은 욕구가 불쑥 고개를 들기도 한다. 이것은 외로워서 익숙한 상대에게 기대고 싶은 일종의 습관과 같다. 너무 외롭고 힘들 때 밤 12시에 헤어진 전 애인에게 전화해서 위로받고 메시지로 잡담을 나누고 싶은 마음과도 같다. 이때 마음에 그치지 않고 정말로 연락을 실행에 옮기면 망하는 것처럼, 의존적이고 지배적인 부모와 거리를 잘 유지하다가 기대고 싶은 고비가 찾아왔을 때 참지 못하면 벗어나고 싶었던 예전으로 다시 돌아가고 만다.

이 순간을 잘 참고 넘기면 그동안 익숙하지 않은 외로움과 불안감을 받아들이는 마음의 그릇이 서서히 커지고, 삶을 좀 더 의연히 받아들이는 사람으로 성장한 것 같은 기분을 느끼게 된다.

7. 원래 사람은 99가지가 좋아도 한 가지 치명적인
   이유 때문에 관계가 틀어지는 법이다.

다른 사람과 달리 부모와의 관계를 정리하기 어려운 이유는 그들이 잘못한 것 못지않게 잘해준 것들이 있어서 감정이 복잡할 수밖에 없기 때문이다. 아무리 부족한 부모라도 자식에게 좋은 추억을 몇 가지 정도는 남겨주고, 한때 자신의 우주였던 부모와의 추억은 자식에게 다른 누구와의 추억보다 소중하지 않은가. 게다가 부모는 자신을 이 세상에 존재하게 했고, 먹이고 입히고 키워준 감사한 분들이기도 하다.

그러나 많은 인간관계가 좋은 관계를 유지하다가 한 가지의 치명적인 이유 때문에 틀어지고는 한다. 모든 인간관계가 이렇지는 않더라도 대다수의 인간관계의 속성이기도 하니, 여전히 술에 절어 살고, 이를 이해해야 한다는 믿음을 버리지 못하는 부모님과 관계가 어긋나는 것은 자연스러운 일이라고 받아들이려고 한다.

8. 친밀하지 않은 관계는 영영 헤어지더라도 별로 아쉽지 않다.

'가족은 소중하다'라는 지독하게 세뇌된 가치관과 '나중에 부모님 돌아가시면 후회한다'라는 예견된 죄책감을 자극하는 어른들의 말씀도 '내가 부모와 이처럼 연락을 끊고 살아도 되나?'라는 자기 의심과 불안감에서 벗어나지 못하는 큰 이유였다. 그러나 내가 제대로 서야 부모도, 가족도, 연인도, 친구도 존재한다. 자신이 비틀거리고 있을 때는 내 마음을 살피며 삶의 뿌리를 단단하게 다지는 것이 최우선이다. 그 무엇도 이보다 중요할 수는 없으며, 내가 무게중심이 서야 비로소 타인을 도울 여유도 생긴다. 부모도 궁극적으로는 타인이다. 자신의 내면과 인생도 심하게 흔들리면서 부모의 마음을 헤아린다는 것은 역량을 넘어선 오만에 가깝다.

요시다 아키미의 만화 「바닷마을 다이어리」 는 주인공들이 아버지가 돌아가셨다는 연락을 받는 이야기로 시작한다. 네 자매 가운데 둘째 요시노는 자신이 일곱 살 때 외도로 이혼해 따로 산 뒤로 한 번도 만나지 않은 "아버지가 돌아가셨다는데 눈곱만큼도 슬프지 않아서 당황스럽다"라고 한다. 「오은영의 금쪽 상담소」 (2021.11.12)에 출연해 어린 시절의 가정 폭력을 고백한 양치승 씨는 "결국 8년을 안 보고 살던 아버지의 부고 소식을 들었을 때 죄송하지만 편했다. 아무 생각이 안 들고, 답답한 마음이 사라진 느낌이었다"라고 했다. 이러한 타인의 진솔한 경험담은 나에게는 큰 위로가 되었고, 부모에게 정서적으로 독립하려는 마음에 자신감을 불어넣어 주었다.

9. 심리상담은 나 자신을 객관적으로 이해하는 수단으로 생각한다.

만일 심리상담을 받는 경우, 부모와 맺은 관계와 성장과정 이야기는 빼놓을 수 없다. 그런데 자칫 나의 부족한 점, 불완전성, 고통받는 마음을 전부 부모 탓으로 돌려서 원망하고 미워하는 우울한 감정과 회의주의에 빠질 수 있다. 원망하고 미워하는 건 자연스러운 감정이지만 대부분은 지난 일이거나, 이제는 비슷한 상황에 놓이더라도 어른으로서 대처하거나 벗어날 수 있다. 부모가 나의 성장에 미친 악영향을 통찰하게 된다면, 부모를 원망하는 데 온 에너지를 쏟기보다 앞으로 내 마음이 더 편해지고 나은 사람이 되려면 어떻게 변화하면 될지 '현재 자신의 객관적인 상태'를 이해하는 데 초점을 맞추고 대화를 진행하는 편이 낫다.

10. 무엇보다 나 자신이 지금 당장 행복해지기로 한다.

나 자신이 행복해지기 위한 생각과 노력은 잠시도 멈추면 안 된다. 부모에게 정서적인 지배와 통제를 오랫동안 받은 사람은 자신의 감정을 살피기보다 타인의 시선을 의식하고 기대를 충족시키는 데 더 익숙할 것이다. 자신의 욕구를 무시하거나 지연시키는 것을 당연하게 여길 것이다. 마음속 불편감을 매번 참고 견디는 습관을 갖고 있을 것이다.

나약한 사람은 복수하고
강한 사람은 용서하며
지혜로운 사람은 무시한다.
   - 알버트 아인슈타인

Weak people revenge.
Strong people forgive.
Intelligent people ignore.
   - Albert Einstein

   가장(假裝)된 행복이 아니라 자신의 감정에 솔직한 진정한 행복을 느껴야 나답게 살 수 있는 힘이 생긴다. 타인의 정서적 지배에서 벗어나서 비로소 자신의 인생을 살아갈 수 있다. 나아가 타인의 인생을 이해하고 용서하고 보살필 수 있게 된다. 나는 지혜롭게 부모의 정서적 지배를 무시하는 단계에 있는데, 언젠가는 더욱 단단해져서 너무 늦지 않게 그들을 용서할 수 있기를 바란다. 그러기 위해서 지금은 나의 행복에 좀 더 집중하고, 아직 상처가 다 아물지 않은 여린 마음을 치유할 때다.

추천 콘텐츠

책

린지 C. 깁슨 지음, 송영희, 이은희 옮김,
『부모로부터 받은 마음의 상처 치유하기』, 학지사, 2023.01

슈테파니 슈탈 지음, 오지원 옮김,
『거리를 두는 중입니다』, 위즈덤하우스, 2018.05

엔도 슈사쿠 지음, 김영주 옮김,
『나를 사랑하는 법』, 북스토리, 2021.07

요시다 아키미 지음, 이정원, 조은하 옮김,
『바닷마을 다이어리』, 문학동네, 2021.07

김혜남 지음, 『나는 정말 너를 사랑하는 걸까?』, 갤리온, 2007.12

김경림 지음, 『사랑하지 않아서가 아니야』, 마리네삼층집, 2015.07

앤절린 밀러, 이미애 옮김,
『나는 내가 좋은 엄마인 줄 알았습니다』, 윌북, 2020.01

영화

김태용 감독, 「가족의 탄생」, 2006

고레에다 히로카즈 감독, 「어느 가족」, 2018

임상수 감독, 「바람난 가족」, 2003

김보라 감독, 「벌새」, 2019

이승원 감독, 「세 자매」, 2021

고레에다 히로카즈 감독, 「그렇게 아버지가 된다」, 2013

이한 감독, 「우아한 거짓말」, 2014

언론

정신의학신문 http://www.psychiatricnews.net/

유튜브

아는 변호사 https://www.youtube.com/@korealawyer2043

놀면서 배우는 심리학 https://www.youtube.com/@nolsim

법륜 스님의 즉문즉설 https://www.youtube.com/@JungtoOrg

정신의학신문 https://www.youtube.com/@user-zi4qq7fg2u

양브로의 정신세계 https://www.youtube.com/@yangbro

심리학자 잇다 https://www.youtube.com/@mindlink1

부모님과 헤어지는 중입니다

초판1쇄 2023년 6월 23일 **지은이** 스마일펄 **펴낸이** 한효정 **편집교정** 김정민 **기획** 박자연, 강문희
표지그림 주서윤 **디자인** purple **마케팅** 안수경 **펴낸곳** 도서출판 푸른향기 **출판등록** 2004년 9
월 16일 제 320-2004-54호 **주소** 서울 영등포구 선유로 43가길 24 104-1002 (07210) **이메일**
prunbook@naver.com **전화번호** 02-2671-5663 **팩스** 02-2671-5662
홈페이지 prunbook.com | facebook.com/prunbook | instagram.com/prunbook

ISBN 978-89-6782-190-6 03180
ⓒ 스마일펄, 2023, Printed in Korea

*책값은 뒤표지에 있습니다.

이 도서의 국립중앙도서관 출판예정도서목록(CIP)은 서지정보유통지원시스템 홈페이지(http://seoji.
nl.go.kr)와 국가자료공동목록시스템(http://www.nl.go.kr/kolisnet)에서 이용하실 수 있습니다.